GREAT LIFE

100 WAYS FOR A GREAT LIFE

一度しかない人生を
最高の人生
にする方法

スコット・アラン
弓場 隆 訳

Discover

はじめに

今、手にしている本は、素晴らしい人生のつくり方を伝授する指南書である。その内容は、あなたの人生を大きく変える可能性を秘めている。

本書は10の分野に分かれ、合計１００項目で構成されている。どの項目も簡潔にまとめられているので、３分以内で読める。ただし、単に読むだけでなく、その内容についてよく考えたうえで、目的意識を持って行動する必要がある。なぜなら、何かを知ることと、それを行動に移すことは別だからだ。

本書の数々の提案は、私が自己啓発の分野で20年以上にわたって学んで経験してきたことにもとづいている。その間、人生がうまくいく秘訣を発見することに情熱を注いできただけでなく、人生がうまくいかない原因を究明してきた。

それでわかったのは、子供のころに何らかの「設定」をし、大人になってもそれに気づかずに生きている人があまりにも多いということだ。その結果、恐怖や不安、疑念などのネガティブな感情が、目に見えない障害物となって進路を妨害している。だが、シンプルなテクニックを使えば、それらの障害物はすべて取り除くことができる。

私はこれまでライフコーチとして長年にわたり活動する中で、多くの人が仕事でもプライベートでもより充実した人生を送るのを手伝ってきた。その気になれば、あなたも同じように大きな恩恵に浴することができる。

本書は素早く読めるように工夫されている。しかも、どの項目からでも読み始めることができる。大切なのは、学んだことを実行することだ。どの項目も一回きりではなく、繰り返し読んで習慣にすれば、飛躍的な成長を遂げることができる。

本書を楽しみながら読んでほしい。読み終えるころには、より幸せで自信にあふれた人生を送るための知識が身についていることだろう。ぜひそれを積極的に活用するだけでなく、家族や友人、同僚と共有してほしい。

では、さっそく始めよう。

スコット・アラン

GREAT LIFE 一度しかない人生を最高の人生にする方法 目次

PART 1 自制心

PART 2

目標と生産性

PART 3 勇気と成功

PART 4

モチベーションと自信

PART 5

前向きな心構え

PART 6

ポジティブな思考とコミュニケーション

PART 7

健全な人間関係

PART
8
心の平和

PART 9

お金と自由

PART 10

粘り強さと立ち直る力

PART 1

自制心

苦しくても自分を律するか、
自分を律することができずに
後悔と失望に苦しむか、
すべての人はどちらかを
選ばなければならない。

ジム・ローン（アメリカの成功哲学者）

01

自分のストーリーの書き手になる

人生は地上最大の冒険であり、あなたはその書き手である。すべての瞬間が、連綿と続く人生のストーリーをつむいでいる構成要素だ。それをワクワクする壮大な旅にするかどうかは、自分次第である。

さあ、勇気をふるって、人生を迫力満点の冒険にしよう。

ポジティブな思考と直感にもとづいて行動することによって、あなたは想像力をかき立て、経験したい状況をつくり出すことができる。

人生が退屈だと思っているなら、よく考えてみよう。退屈な人生などはない。退屈な書き手がいるだけだ。あなたの手には強力なペンがあり、それを使えば、自在に人生を切り開くことができる。実際、理想のストーリーを書く人たちは環境にとらわれず、望みどおりの人生を送っている。

まず、自分が何を手に入れたいかをよく知ろう。目標を決めないかぎり、結果を出すことはできない。

人生で起こることの多くはコントロールできないが、自分が何を手に入れたいかを決め、それに向かって取り組むことはできる。そのためには、自分が望んでいるストーリーを書く必要がある。

人生はさまざまな分野から成り立っている。人生に変化を起こしたいと思うなら、どの部分を変えるかを決めよう。

ひとつの扉が閉じても、また別の扉が開く。たえず前に進んで、人生の新しいページをめくりながら成長しよう。

あなたは自分のストーリーの書き手である。だから誰にも遠慮することなく、好きなようにストーリーを書けばいい。

Suggestion

日記帳とペンを用意し、望んでいるストーリーを書こう。誰と一緒に過ごし、どこを訪ね、どんな経験をしたいか。現在の年齢は関係ない。その気になれば、何でもできる。「ワクワクする人生を送るにはどうすればいいか？」と自分に問いかけよう。

02

人生の軌道を変える

人生の軌道を変える必要があると思ったことはないだろうか？　人生を変えたいのだが、どこから始めたらいいかわからず、戸惑ったことはないだろうか？

たとえ人生の軌道が間違っていても、それは変えられないと思い込んでいるために、そのまま何年間も過ごして、気づいたときは「もう遅い」と感じるかもしれない。

しかし、絶望する必要はない。**あなたは自分という船の船長として人生の軌道をコントロールしているのだから、船の方向をいつでも自由に決定することができる。**

ただし、自分に次のようなウソをついていると、望んでいない人生を送るはめになる。

・ここから抜け出す方法はないから、あきらめるしかない。
・他の選択肢が見つからないから、どうしようもない。
・今は時期がよくないから、完璧なタイミングまで待とう。

今からでも遅くはない。大切なのは、人生の軌道を変える決意をし、目的地に向かって前進するために行動を起こすことだ。とはいえ、それを妨げる3つの恐怖がある。

1　**誰かに反対される恐怖**　人生の軌道を変える決意をすると、周りの誰かが異議を唱えるだろう。だが、それではその人のために不本意な人生を送ることになる。

2　**変化を起こす恐怖**　人生の軌道を変えると、周囲の環境も変わる。だが、その恐怖は一時的なものにすぎず、それを乗り越えることで新しい道が開ける。

3　**間違いを犯す恐怖**　人生の軌道を変えると、波乱に巻き込まれるおそれがある。だが、人生の軌道を変えることは、目的地に到達するために必要である可能性が高い。

自分の使命に目覚め、恐れていた行動を選びとって人生の軌道を変えよう。努力すれば追い風が吹いて自分を目的地へと押し進めてくれると信じよう。あなたならできる。

Suggestion

人生の軌道を変えるという自分の決断を信じよう。周囲の人が支援してくれるならいいが、もししてくれないなら、その人たちとは距離をおくべきかもしれない。

03

人生の目的を明確にする

あなたがこの世に生まれてきたのは、唯一無二の目的を果たすためだ。それは、能力を存分に発揮して生きるために与えられた独自の使命である。

あなたは自分が成し遂げたいことを決め、自分が大切にしている価値観に従うことを強く決意しなければならない。

「今、人生の目的を明確にして生きているか？」と自分に問いかけよう。

道に迷ったように感じても、心配する必要はない。誰もがさまざまな方法で経験を積みながら人生の目的を見つけるのだ。**新しいことに挑戦して、うまくいかなければ、情熱を感じることを見つけるまで探し続けよう。**

能力を存分に発揮せずに生きるのは、あまりにも惜しい。自分で設定した限界を超えよう。自分の能力を疑う内なる声を無視して、ひたすら自分の道を歩もう。

今、何が呼びかけているにせよ、あなたはそれに向かって進んでいくべきだ。情熱を傾けて、自分らしさを十分に表現できる人生を設計しよう。

人生の目的を明確にして生きることは、最も充実感が得られる生き方である。

次の3つの質問を自分に投げかけよう。

1 今の仕事は人生の目的に合致しているか？　単に生計を立てるための手段か？
2 もし何にでもなれて、何でもできるとしたら、どんな人生になるか？
3 自分の人生のビジョンを持っているか？　10年後に精神的・経済的にどんな自分になっていると想像しているか？

人生の目的を明確にして生きるとは、自分らしい生き方をするということだ。それは、自分が最も幸せで、最も誇らしく、最も情熱を注ぎ、最も充実感が得られる活動をすることを意味する。

Suggestion

人生の目的を明確にして生きているかどうかを自問しよう。日々の活動に、より深い意味をもたらす方法を探そう。それは人助けをしたり人格を磨いたりすることかもしれない。

04

「完璧な一日」を設計する

もし「完璧な一日」を設計できるなら、何をするだろうか？

多くの人は起きて、服を着て、食べて、急いで仕事に出かける。そして帰宅後、夜にテレビを3時間ほど見ると、一日はすぐに終わり、ベッドに行き、翌朝起きて、また同じことを繰り返す。

しかし、完璧な一日を設計すると、素晴らしい人生をつくることができる。最高の自分をめざして日々を送るためには、「大好きなこと」をする必要がある。

次の3つの質問を自分に投げかけよう。

1 何でもできるとしたら、今日どんなことをするか？

2 今日、誰とどのように過ごしたいか？

3 大好きなことをもっと楽しむには何をやめるべきか？

完璧な一日を設計するためのアイデアを思い浮かべ、それをすべて書きとめよう。エネルギッシュになってワクワクし、毎日、早起きをして、情熱を燃やしながら生きたくなるだろう。

今日やってみるべき3つの作業は次のとおりである。

1 **ビジョンボードをつくる。**行きたい場所やしたい活動の写真を壁に貼ろう。

2 **目標を書いて挑戦する。**目標をすべて紙に書き、週にひとつずつ挑戦しよう。

3 **完璧な一日をイメージする。**誰とどう過ごすかという計画を立てよう。

Suggestion

自分にとって完璧な一日を紙に書いてみよう。いいスタートを切るために1時間でいくつかの活動をし、それを習慣にしよう。たとえば次のようなことだ。

① 20分間、瞑想をする
② 20分間、読書をする
③ 20分間、ヨガやストレッチをする

05

残された時間の中でポジティブな体験をつくる

生まれた瞬間から人生の残り時間は刻々と過ぎている。これはすべての人に共通していることで、人生の最初の時点でカウントダウンが始まっている。残り時間は100年かもしれないし、50年かもしれないが、もっと短い可能性もある。

いずれにせよ、あなたがこの世を去る日はいつか必ずやってくる。そのとき生涯にわたるさまざまな体験だけが思い出として残る。

あなたにとって、時間は最高の資源だ。お金やそれで買えるものは、自分が死んだあとでは何の意味も持たない。

人生の残り時間がかぎられていると気づくことは、毎朝、「今日が最後の日になるかもしれない」と思って目覚めることを意味する。これはまだ先が長い子供にはあてはまらないかもしれないが、年をとるにつれて、そういう認識は重要性を増す。

私たちはふだんそんなふうには考えていないかもしれないが、**人生が終わる日はいつか必ず来るのだから、時間の過ごし方には常に気をつけなければならない。**私の友人は自宅の部屋に砂時計を設置し、いつもそれを見ながら、時間を無駄にしないように自分を律している。

人生に喜びと充実感をもたらす活動をしよう。しかも自分がそれを実践するだけでなく、周囲の人にもそういう意識を持って生きることの重要性を強調しよう。

ポジティブな体験をつくるために不可欠な3つの要素は、次のとおりである。

1 **喜び**　自分によいことが起きているという高揚感と幸福感

2 **感謝の心**　人生の素晴らしさに対する、ありがたいという気持ち

3 **ワクワク感**　自分がこれからすることに対する情熱と期待

当然、残された時間がなくなったら、ポジティブな体験をつくることはできない。今日から最後の日まで、目的と情熱を持って生きることが大切だ。

Suggestion

かぎられた時間を有意義に使い、ポジティブな体験をたくさんつくって、充実感にひたりながら日々を過ごそう。

06

人生を敗北に導く言い訳を排除する

リスクを避けるための言い訳は、あなたの人生を限定している偽りの理由である。今度、試練に直面したら、自分の言い訳に耳を傾けてみよう。試練から逃げようとしていることに気づくはずだ。もしその言い訳を受け入れてしまうと、成長するのをやめて、恐怖におびえながら日々を過ごすことになる。

言い訳は行動にブレーキをかける。自分はどのような目標も達成できないと思い込むと、その理由づけをすることになる。言い訳は挑戦を断念することを正当化し、すぐにあきらめる原因になる。なんとしてでも成功したいというプレッシャーはもうなくなったし、失敗することについて思い悩む必要もない。そもそも、もう挑戦しないのだから、失敗するはずがないのだ。

あなたが思いつく言い訳はすべて欺瞞的である。自分を哀れむ感情的表現と、あきらめる理由には、それなりの説得力があるかもしれないが、言い訳は恥をかくのを避けるための口実にすぎない。だから、行動を起こさない言い訳をするたびに、自分を戒めるべきだ。

人生で手に入れたいものを追い求めないなら、大損するはめになる。**夢をあきらめる言い訳は理にかなっているように思えるかもしれないが、それは自滅にいたる道である。**

行動を起こさない言い訳の代表例と、行動を起こすためのポジティブなフレーズを対比しながら紹介しよう。

・「もう年をとりすぎている」↓「何歳になっても、やればできる」
・「あの人ができなかったのに、自分にできるはずがない」↓「自分ならできる」
・「今は忙しいから落ち着いたらしよう」↓「すぐに時間をつくって取りかかろう」
・「自分にはスキルがない」↓「スキルを身につけるために勉強しよう」
・「お金がないから、やめておこう」↓「お金はないが、やれることからやろう」

Suggestion

恐怖を感じて言い訳をしているときの自分の思考パターンに気をつけよう。勇気を出してやってみたら何ができるかを想像し、思い切って挑戦しよう。

07

役に立たない信念を変える

信念は人生の質に大きな影響をおよぼし、素晴らしい人生か退屈な人生のどちらになるかを決定づける。

もし自分の信念が夢や目標の邪魔になっているなら、成功に役立つポジティブな信念と取り換えるべきだ。

信念は永久に不変ではなく、それを変える勇気があれば、いつでも変えることができる。大切なのは、どの信念を変える必要があるかを見きわめ、それを修正することだ。

あなたも役に立たないネガティブな信念にしがみついている可能性があるが、心配する必要はない。それは変えることができる。

ネガティブな信念をポジティブな信念と交換するための具体例を紹介しよう。

・「私は不幸な人生を送っている」↓「私は充実した人生を送っている」
・「成功に必要なものは何ひとつない」↓「成功に必要なものはそろっている」

・「夢を実現するなんて無理だ」↓「夢を実現して生きることができる」
・「ほしいものが手に入らない」↓「ほしいものは何でも手に入る」

信念を変えれば、人生は変わる。実際、多くの人がそうやって人生を変えてきた。
信念を変えるための5つのステップを紹介しよう。

1 役に立たないネガティブな信念を見きわめる
2 その信念を疑って力を弱める
3 その信念を捨てて新しい信念と取り換える
4 新しい信念を体現している自分をイメージする
5 行動を起こして新しい信念をたえず強化する

Suggestion

自分の価値をおとしめるネガティブな信念に固執するのをやめて、自分の価値に目覚めるポジティブな信念と取り換えよう。

08 悪い習慣を改める

習慣はあなたを成功に導くこともあれば失敗に導くこともある。実際、幸福や資産、健康を台無しにする悪い習慣のために失敗する人が後を絶たない。だが、悪い習慣を改めれば、人生を変えることができる。

悪い習慣には、長時間のテレビ視聴やネットサーフィン、ジャンクフードの食べすぎ、喫煙、夜更かしと睡眠不足、重要事項の先延ばし、退屈しのぎの衝動買いなどが含まれる。悪い習慣はモチベーションを低下させ、向上心を失わせる。

一方、自分を律するよい習慣は、悪い習慣を改めるのに役立つ。**多くの人が長年にわたって悪い習慣にしがみついているのは、それが人生の失敗の大半につながるという事実に気づいていないからだ。**

悪い習慣をよい習慣に置き換える7つのステップを紹介しよう。

1 自分が抱えている問題を特定する

2 その原因である悪い習慣を見きわめる
3 悪い習慣を打破するための3週間の行動計画を立てる
4 3週間後の進捗状況を把握する
5 さらに3週間の行動計画を立てる
6 悪い習慣が再発しないように気をつける
7 自分の長期的な変化に意識を向ける

私たちは習慣を繰り返すことによって人生を形づくる。改めるべき悪い習慣をひとつ選び、それができたと感じたら、次の悪い習慣を改めることに意識を向けよう。

Suggestion

自分の悪い習慣をすべて紙に書き、その横に、それを改めたい理由を書いて、行動計画を立てよう。たとえば、一日にテレビを3時間見る代わりに、何をしたいか？　毎晩、ジャンクフードを食べる代わりに、どういう健康的な食生活を送りたいか？　それらの悪い習慣を改めれば、素晴らしい変化を体感できるはずだ。

09

常に1%の改善に努める

改善のための唯一の基準は、一定のレベルアップを継続することだ。従来よりもほんの少しよいやり方で物事に取り組み、徐々に改善していく必要がある。

常に1%の改善に努めると、毎日、着実に進歩することができる。それを継続すれば、長期にわたって目覚ましい進歩を遂げることができる。

こんなふうに考えてみよう。1か月で10キロやせようとするより、一日の摂取カロリーを2割減らして3か月で10キロやせるほうが無理なくできる。半年で1万ドルを貯めようとするより、2年間にわたって給料の1割をコツコツ貯金するほうが合理的だ。

私たちは大きな目標に焦点を当てて、一気に達成しようとしがちだが、大きな目標は、日々の小さな行動の積み重ねによって達成できる。

小さな改善がやがて大きな違いとなって表れることを、私たちは見落としがちである。長期にわたって何かを改善し続けると、パフォーマンスが格段に向上する。ポジティブな結果を得るためにたゆまぬ努力をすることが、成功につながるのである。

具体例を紹介しよう。お金の使い方に小さな変化を起こすことによって、1年で3千ドルを貯めることができる。日々の食生活に小さな変化を起こすことによって、1か月で3キロやせることができる。3か月にわたって毎日10分間、タイピングのスキルを磨くことによって、スピードを飛躍的に上げることができる。

小さな変化を起こして努力を積み重ねると、次のことを成し遂げられる。

・1か月にわたって5分ずつ早起きすれば、やがて午前5時に起きられる
・運動するなら、前日より数回多くトレーニングに励むと、やがて筋力が強くなる
・ジョギングのたびに距離を100メートル延ばせば、心身ともに鍛えられる
・外国語を学ぶなら、一日に新しい単語を2つずつ覚えれば、1年後には700単語以上の語彙を増やすことができる

Suggestion

人生の中で改善したい分野を決め、目標を達成するために必要な日々の行動を見きわめて、たえず学習し成長することを習慣にしよう。たゆまぬ努力の積み重ねがカギを握る。

10

「3週間の挑戦」をする

人生を変えるために新しい習慣を身につけようとすると、課題の大きさに圧倒されやすく、うまくいかないと挫折感にさいなまれる。だが、今日からすぐに始められて成果があがる方法がある。それは「3週間の挑戦」と呼ばれるものだ。

3週間の挑戦とは、3週間にわたって何らかの行動を積み重ねるエクササイズである。その目的は、3週間後に目標を達成することだ。人生を変える新しい習慣を身につけるためには、このエクササイズが打ってつけである。なぜなら新しい習慣を身につけるには、毎日継続して約3週間かかるからだ。

3週間で何を成し遂げられるかを想像しよう。たとえば、タバコをやめる、3キロやせる（毎週1キロずつやせる）、3冊の本を読む（毎週1冊ずつ読む）、100ドルを貯める（毎日5ドルずつ貯金する）、外国語を100単語覚える（毎日5単語ずつ覚える）。

3週間の挑戦をする方法を紹介しよう。

1 **何を目標にするかを決定する。**たとえば、もっと学ぶ、もっと稼ぐ、もっと運動する、もっとやせる、悪い習慣をやめる、などなど。自分のために設定した目標は、結果を出すための行動を決定づける。

2 **毎日とるべきひとつの行動を決める。**いったん目標を決定したら、それを達成するための行動を明確にしよう。

3 **毎日そのための時間を確保する。**３週間にわたって毎日どれだけの時間を費やすことができるかを計算してみよう。

4 **進捗状況を記録する。**毎日どれだけ達成したかをカレンダーか手帳に記録しよう。行動を起こした日には✓印をし、行動を起こさなかった日には×印をするといい。

うまくいかない日があってもかまわない。３週間の挑戦は従来の行動パターンを改善し、新しい習慣を身につけるためのものだ。これには粘り強さと辛抱強さが欠かせない。

Suggestion

３週間でどんな挑戦をするかを決めよう。そして、それに集中し、カレンダーか手帳に日々の進捗状況を記録し、３週間後に結果を判定するといい。

PART

2

目標と生産性

生産性はけっして偶然ではない。
それは常に卓越性の追求と
知的な計画性と
ひたむきな努力の結果である。

ポール・マイヤー（アメリカの著述家、講演家）

11

チェックリストを活用する

仕事であれプライベートであれ、チェックリストを活用することによって、作業の効率化をはかることができる。実際、多くの成功者がその日にしなければならないことを一覧表にまとめて、日々の課題を明確にしている。

チェックリストの使い道として、仕事のほかに休暇の計画、買い物、料理のつくり方、子供のスケジュール管理、朝の忙しいルーティンなどがある。

チェックリストの項目をひとつずつ消していくたびに、達成感が得られて気分がよくなり、より効率的に課題を処理するように脳を訓練することができる。そして、勢いをつけてモチベーションを最大化することで成果をあげるのに役立つ。

チェックリストが人生のさまざまな分野で効果を発揮する5つの理由を紹介しよう。

1 プロジェクトの管理　プロジェクトを効率的に処理できる。

2 生産性の向上　チェックリストがあれば、課題をより速く処理できる。

3 仕事の分担　チェックリストを共有すれば、仕事を割り振ることができる。

4 システムの管理　チーム全体を機能的に管理できる。

5 新しい習慣の確立　成り行きに任せていた作業を順序立てて処理できる。

チェックリストは公私にわたって便利である。課題を効率よく処理し、生産性を高め、人生で進歩を遂げることができるからだ。チェックリストのつくり方を紹介しよう。

1 その日の3つの主な課題を書く。課題が多いと圧倒されるので、3つが適切だ。

2 前夜にチェックリストを作成する。翌朝、目が覚めれば、チェックリストの項目にすぐに取りかかることができる。

3 最初に困難なことをする。面倒な課題を先にすませると、あとの作業がはかどる。

4 短時間でできる課題を処理する。すぐにできることをやり遂げると勢いがつく。

Suggestion

明日のチェックリストをつくろう。それは仕事のプロジェクトでもいいし、家事でもいい。一日でできなければ翌日に回し、時間が余れば課題を付け足そう。

12

未来から時間をさかのぼって人生設計をする

未来から現在に時間をさかのぼって人生設計をすることは、とても有意義な試みである。頭の中で10年後にタイムトラベルをして、年をとった自分を訪ねている様子を想像しよう。

今、あなたは青年かもしれないし、中高年かもしれない。だが、いつか今よりもずっと年をとって、それまでの人生を振り返る日が必ず来る。

年をとった自分が今のあなたに「充実した人生を送る方法」についてアドバイスするとしたら、それはどのような内容だろうか？

人生の最期を迎えて、ほしいものをすべて手に入れたと想像しよう。それはどんな人生だろうか？　年をとった自分が最期の日々を楽しんでいる姿を想像しよう。

その結果を手に入れるには、今日どういう行動をとる必要があるだろうか？　10年後にそういう人物になるには、どんな習慣を身につける必要があるだろうか？　素晴らしい人生を送るには、何をやめるべきだろうか？

時間をさかのぼって人生設計をするための必要条件は長期的展望を持つことだが、それを細分化する必要がある。人生の最期から現在まで時間をさかのぼり、自分が何を成し遂げたかを想像しよう。今年、今月、今週の終わりまでに達成すべき目標は何か？　その計画に取り組むにはどんな習慣を身につけ、どんな行動をとる必要があるか？

年をとった自分を想像し、未来のある時点から現在までさかのぼって考えてみよう。

このプロセスは次の４段階からなる。

1. 自分が手に入れたいものを明確にし、どんな結果を望んでいるかを知る
2. 毎日、計画に取り組み、その日、その週、その月にとるべき行動を把握する
3. その目標を達成するために必要な習慣を身につける
4. 進歩の邪魔になるものをすべて排除する

Suggestion

望んでいる結果を得るために時間をさかのぼって計画を立てよう。10年後、20年後、場合によっては30年後、40年後の自分のあるべき姿を想像しよう。

13

小さな行動で勢いをつける

長期にわたって小さな進歩を続けると、大きな成果につながる。小さな進歩を継続すれば、勢いがつくからだ。どんなに大きなプロジェクトやどんなに困難な目標でも同じことである。一回に小さな一歩を踏み出せばいい。

小さな一歩から始めて勢いをつけよう。やがてその継続的な行為は、自分が何を成し遂げられるかを明らかにしてくれる。

たとえば、スリムになりたいなら、一気に体重を落とそうとするのではなく、生活習慣を改善して少しずつ体重を落としていけばいい。1年で5千ドルを貯めたいなら、一気に貯めようとするのではなく、一日に5ドルずつ貯めることから始めればいい。

1年で成し遂げたいことが何であれ、それは可能である。ただし、完璧でなければならないという姿勢は避けたほうがいい。完璧主義に陥ると、いつまでたっても第一歩を踏み出せなくなるからだ。**たとえ完璧でなくても、長期にわたって徐々に進歩を遂げるほうが、短期間で大きな進歩を遂げて燃え尽きるよりもずっといい。**

たしかに短期間で大きな進歩を遂げることにはメリットもあるが、すべての場合にうまくいくとはかぎらない。適切な習慣をまだ身につけていないなら、小さな進歩から始めて大きな行動につなげていこう。

人生の大きな成果は、小さな進歩を継続することによって得られる。誰かが一夜にして成功したように見えても、それは長期にわたって地味な努力を積み上げた賜物なのだ。

さっそく今日から始めよう。すべての条件が完全に整うまで待つ必要はない。これからの1年の目標は何だろうか？　あなたが最も手に入れたいものは何だろうか？

今日から始めることができる3つのステップを紹介しよう。

1 自分にとって重要な意味を持つ今後1年の目標を設定し、それを紙に書く

2 その目標を小さな進歩に細分化し、自分にできることを達成していく

3 定期的に振り返るたびに進歩を実感できるように勢いをつける

Suggestion

3年後から5年後に達成したい目標は何か？　その目標を達成するために必要な日々の小さな進歩は何か？

14
朝のルーティンを活用して好スタートを切る

朝のルーティンを活用することは、一日の成否を分けると言っても過言ではない。朝は運動や瞑想、心の持ち方を最適化するための重要な時間帯だからだ。朝のルーティンを活用することによって、成功の確率を最大化することができる。

朝のルーティンを活用して好スタートを切れば、その日のすべてのことはより簡単になる。あなたはよりエネルギッシュになり、集中力を高め、自信をつけることができる。

朝のルーティンは約1時間かかる。それを生産的にする3つの秘訣を紹介しよう。

1 **早寝早起きをする。** できれば午後9時に就寝し、午前5時に起きるといい。

2 **早朝に一日の計画を立てる。** 朝一番に、その日にすべきことを明確にしよう。

3 **2、3の活動で朝の時間を最適化する。** 具体的な活動は次のとおりである。

朝のルーティンを最適化する10の活動を紹介しよう。

1 コップ一杯の水か緑茶を飲む
2 元気が出てくる名言を読む
3 感謝している3つのことを書く
4 ストレッチかヨガかウェートトレーニングをする
5 その日の最大の目標を決める
6 10分間、その日の目標をすべて日記に書く
7 自分のミッション・ステートメントを読む
8 10分間、瞑想する
9 30分間、自己啓発の名著を読む
10 5分間、ポジティブ思考を実行する

Suggestion

1か月間、朝のルーティンを活用して、不安や迷いがなくなってストレスがやわらぎ、情熱がわいてくることを確認しよう。

15

最も大切なことをする

今、あなたにとって最も大切なことは何か？　家族と過ごすことか？　自分の会社を立ち上げることか？　減量して引き締まった体をつくることか？　ボランティア活動をすることか？　新しい外国語を学ぶことか？　マイホームを建てることか？

本当にほしいものを手に入れるにはどうすればいいか？　よくある言い訳は、「今は忙しいから、そんな時間はない」と「定年を迎えたら、それに取り組みたい」である。

しかし、自分が何に情熱を感じるかを知っているなら、すぐにでもそれに取り組む時間を見つけるはずだ。その際、優先順位を決める必要がある。大切なのは、自分が何を手に入れたいかを知り、そのための時間を確保することだ。

そのカギは、重要な分野を選択し集中することである。5年後、10年後、20年後という長期的ビジョンを持ち、目標の達成に役立つことに時間を投資しよう。

優先順位を決めるのは簡単である。**何が自分の人生に最大の価値をもたらすかを見きわめれば、かぎられた時間をどう使えばいいかはすぐにわかる。**独身なら結婚相手を探すべきかもしれないし、仕事に打ち込むべきかもしれない。結婚しているなら、健全な家庭をつくることに時間を使うべきだろう。それはあなた次第だ。

最も大切なことをするためにより多くの時間を使う7つの方法を紹介しよう。

1 課題の優先順位をつける
2 重要な課題を先延ばしにしない
3 最も重要なことをカレンダーに書き入れる
4 優先順位の低い課題を割り振る
5 自分を支援してくれるポジティブな人たちと付き合う
6 コーチを雇う
7 家族と一緒に質の高い時間を過ごす

Suggestion

次のことについて考えよう。何に情熱を感じるか？　日々の活動は価値観に合致しているか？　最もエネルギッシュになれるのはいつか？　時間と労力を何に浪費しているか？　モチベーションを維持して最も大切なことに集中するにはどうすればいいか？

16 先延ばし癖から自分を解放する

先延ばしは、嫌な課題に取り組まなければならない重圧から逃れるために使われる自己防衛のなせるわざだ。つまり、時間を割く価値がないと感じている退屈な作業をせずにすませたいという気持ちの表れである。

私たちはさまざまなことを先延ばしにしがちである。テスト勉強や部屋の片づけだけではない。より深刻なのは、確定申告書の作成や事業の借り入れ申請を怠ることだ。

あなたにも仕事やプライベートで先延ばしにしていることはたくさんあるに違いない。しばらくは口実を見つけて逃げられるかもしれないが、やがてそれは悩みの種になる。

先延ばし癖はあなたから時間とお金と尊厳を奪う。だから、もし長年にわたってその習慣を続けていると、人生全般で大損するはめになる。日常の課題を先延ばしにしているうちに、それは雪だるま式に増えていき、やり終えていない雑務や忘れている作業が積み重なって、どうにもやりくりがつかなくなる。

なぜ私たちは重要な課題を先延ばしにするのだろうか？　その主な理由は、失敗が怖い、興味がない、やる気がわかない、やり遂げる自信がない、といったことだ。

先延ばし癖はさまざまな理由であなたを苦しめる。できるはずのことができていないために自尊心を損ない、すべきことをしていないために罪悪感にさいなまれ、やり終えていないことが増えていくためにストレスがたまるからだ。

先延ばし癖から自分を解放するための3つのステップを紹介しよう。

1 先延ばしにしている課題や作業を見きわめ、それを紙に書く
2 それに取りかかるために今すぐできる簡単なことを決める
3 実際にそれに取りかかる

人生では、どんなに嫌でもしなければならないことがたくさんある。気分よく生きていくためには、それらを先延ばしにせずに取りかからなければならない。

Suggestion

すべきことがあるなら、すぐに取りかかろう。もし知識や情報が足りないなら、必要な知識や情報を素早く集めて、簡単なことから取りかかって勢いをつけよう。

17 快適な職場環境をつくる

自宅の片づけをすることは非常に重要であり、気分がスッキリして大きな満足が得られる。では、職場についてはどうだろうか？　書類やファイル、文具でスペースが埋め尽くされている環境で、気分よく効率的に働くことができるだろうか？

プロジェクトや会議、締め切りに追われると、職場は散らかりっぱなしになりやすい。部屋の中や机の上が乱雑だと、たえず何かを探して貴重な時間を浪費しがちになる。

快適な職場環境をつくるべき3つの理由を指摘しよう。

1 **生産性が高まる。** 書類やファイル、文具を探す時間が減れば、仕事に集中しやすくなる。必要なものがどこにあるかを把握していれば、生産性はおのずと高まる。

2 **プロ意識が高まる。** 職場がきれいに片づいていると、見た目がよくなるだけでなく、「自分は仕事のプロだ」という意識を持つことができる。職場が散らかっていると、仕事を大切にしているようには見えないし、働くことに対する意欲が低下する。

3 **集中力が高まる。**職場が散らかっていると、精神面に悪影響をおよぼし、注意力が散漫になる。部屋や机の乱雑な状態は、頭の中の乱雑な状態を映し出している。

快適な職場環境をつくるための3つのアドバイスを紹介しよう。

1 **デジタル化を推進する。**書類やファイルをスキャンするかパソコンに入力して文書のデジタル化をはかり、それをすべてクラウドに保管しよう。

2 **常に整理整頓を心がける。**散らかっていない職場環境をつくる最善の方法は、常に整理整頓を心がけることだ。ふだん使っているオフィス用品の散乱を避けることが、職場をきれいに保つ最善の方法である。

3 **立ち去る前にきれいにする。**退勤時間になったら、10分で机の上と周囲の空間をさっと片づけよう。そうすれば、翌日に出勤したときにきれいな環境で仕事がはかどる。

Suggestion

現在の職場を写真に撮り、1週間かけて片づけの効果を実感しよう。この習慣は、常に職場をきれいに片づけておくのに役立つ。

18

犯人捜しをやめて解決策を見つける

何かがうまくいかないとき、多くの人は真っ先に「犯人捜し」を始める。これは職場や家庭でもありがちだし、見知らぬ人同士でもそうだ。

問題が起きたとき、私たちは誰のせいなのかを突き止めようとし、その人に責任をとらせたがる。ときには犯人捜しにやっきになるあまり、その人が見つかっても、解決すべき状況がそのままになっていることもある。そんなときは、「**みんなが犯人捜しに夢中になっているなら、誰が解決策に取り組むのか？**」**と自分に問いかけよう。**

犯人捜しよりもずっといいやり方がある。解決策を見つけて状況を改善することだ。次の3つのことを考えてみよう。

1 何が問題なのか？

2 別のやり方をしていたら、その事態は防げたか？

3 その事態が再発しないようにするには何をすべきか？

犯人捜しをやめて解決策を見つけるための５つのステップを紹介しよう。

1 問題の本質を見きわめる
2 いくつかの解決策を考える
3 その中で最善の解決策を選ぶ
4 それを実行に移す
5 もしうまくいかないなら、次の解決策を試す

成功するまでにいくつかの方法を試さなければならないかもしれないが、最も大切なのは、特定の人を責めることではなく、ポジティブな結果を導き出すことだ。

Suggestion

職場で同僚に対処するときであれ、家庭で子供に対処するときであれ、まず事実関係を確認しよう。事実関係が明らかになっていないのに、相手を叱責してはいけない。事実関係をすべて明らかにして初めて、よりよいやり方に取り組むことができる。

19

今すぐに第一歩を踏み出す

多くの人が目標を達成できないのは、行動を起こそうとしないからだ。たいていの場合、じっとして完璧なタイミングを待っているか、細部にとらわれて身動きがとれなくなっているのが原因である。また、過去に目標の達成を断念した記憶にさいなまれ、失敗の恐怖におびえていることも少なくない。

多くの人はひそかに悩み、「今は適切な時期ではない」と判断して、さまざまな言い訳を思いつく。その代表例は、「経済的に安定するまで待とう」「状況がよくなるまで待とう」「子供が大きくなって時間に余裕ができるまで待とう」である。

これらの言い訳が足かせになり、あなたは目標に取り組むのをあきらめる。そして、年月がたつにつれて、重要な目標があったこと自体を忘れ始める。

しかし、目標に取り組みたいなら、今日から始めたほうがいい。どんな目標であれ、小さな一歩を踏み出そう。

とにかく目標に向かって前進を開始する必要がある。そして、それは第一歩を踏み出すことから始まる。あなたは何を待っているのだろうか？　時間やお金の余裕か？　やる気が出るときか？　完璧なタイミングか？

だが、完璧なタイミングなどはない。夢や目標に近づくために必要なのは、とにかく第一歩を踏み出すことだ。状況は変化しやすい。**第一歩を踏み出す最適のタイミングは昨日だった。次に最適なタイミングは今日だ。どんな境遇におかれていようと、今すぐに目標に取りかかろう。**

待つのをやめて行動を起こすという決定をくだそう。テレビを消そう。今、人生でどんな状況であっても関係ない。何度も失敗を重ねたことも関係ない。今日を昨日よりよい日にし、明日を今日よりよい日にするのに遅すぎることはない。

完璧なタイミングを待ってはいけない。それでは後悔するだけだ。今日、最初の目標に取りかかろう。そして、その目標を達成したら、別の目標に取りかかろう。第一歩を踏み出せば、勢いがつく。

Suggestion

目標を細分化して、できるだけシンプルな課題から始めよう。小さな課題に取りかかり、心理的抵抗をなくして次々と課題をクリアしよう。

20 目標に締め切りを設定する

締め切りは、期日までにすべきことを思い起こさせてくれる。締め切りを設定しないと、課題をずるずると先延ばしにしてしまい、いつまでも頭痛の種になりやすい。実際、1週間で達成できるはずの目標が、半年たってもまだ達成できていないということはよくある。

しかし、いったん締め切りを設定すると、目標の達成は現実味を増す。締め切りを設定すると、モチベーションが高まるからだ。目標が遠い先の夢だと思っているなら、ぜひ締め切りを設定しよう。それをしないかぎり、目標は立ち消えになりかねない。

締め切りを設定するときの6つのポイントを紹介しよう。

1 **リマインダーをつくる。** 締め切りのリマインダーをいろいろな場所に貼っておこう。切迫感を持つことは、集中力を維持するために不可欠だ。

2 **週ごとに進捗状況をチェックする。** 締め切りが1か月以上先なら、週ごとに進捗状況をチェックし、効率的に仕事を進める方法を見つけよう。

3 **たえず調整する。**長期にわたるプロジェクトの場合、締め切りまでに仕上げられるように途中の計画をたえず調整する必要がある。

4 **小刻みに締め切りを設定する。**30分、60分、90分と小刻みに締め切りを設定し、手際よく作業を終わらせよう。これは先延ばしを防いで時間をうまく使う方法である。

5 **弱い箇所を調べる。**計画を頓挫させるおそれのあることを見きわめ、それを早めにやり終えよう。これはプロジェクトを予定どおり進めるのに役立つ。

6 **細分化する。**締め切りを遠い先に設定すると、モチベーションを高めるのが難しくなる。プロジェクトを細分化して、短期的な締め切りを設定すると効果的だ。

Suggestion

何を成し遂げるにしろ、締め切りを設定しよう。ただし、その期日は現実的で達成可能なものでなければならない。そうでないと、頻繁に締め切りを設定し直すことになる。いったん締め切りを設定したら、日ごとの目標と週ごとの目標を設定しよう。それを達成するたびに、期日までにやり終える公算が大きくなる。

21

小さな道しるべをつくる

大きな目標はそう簡単には達成できないから、圧倒されるおそれがある。かぎられた時間の中で多くのことを成し遂げなければならないというプレッシャーを感じると、とくにそうだ。

大きな目標を前にしたとき、「どうやってこれに取り組めばいいのか？」と困惑し、圧倒されたことはないだろうか？

小さな道しるべをつくるやり方はたいへん初歩的なテクニックなので、多くの人がそれを見落としがちである。もっと大きなことをしなければならないと思い込んでいるのだろう。その結果、圧倒されて身動きがとれなくなるおそれがある。

小さなことを順番に処理していけば、進捗状況を把握することができる。そこで、進捗状況を把握しやすくするために、小さな道しるべをつくることをおすすめしたい。数分でできる作業が望ましい。そうすれば生産性を高めて大きな目標を達成できる。

では、どうやって小さな道しるべをつくればいいか？　大きな目標を細分化すればいいのだ。たとえおかしなくらい小さく見えても、何もしないよりはずっといい。毎日のように進歩しているのがわかれば、途中であきらめる可能性は低くなる。

小さな道しるべをつくるのは、いたって簡単である。

そのための3段階のシンプルなプロセスを紹介しよう。

1 **大きな目標を紙に書いてみる。** それはやせることとか、本を書くことか、家を片づけることか、それ以外のことか？

2 **大きな目標を達成するための小さなステップをリストアップする。** 最終的な目的地にいたるまでの長い道のりを細分化しよう。

3 **小さな行動から始める。** たとえば、もしあなたの大きな目標がマラソンを完走することなら、一日に１キロ走ることから始めよう。

Suggestion

毎日、小さな行動を起こして小さな勝利を収めよう。それを積み重ねれば、やがて大きな目標を達成することができる。

22

集中力を高める

どんなことであれ、成功は集中力の度合いに左右される。集中力を乱す要因が身の回りにたくさんあるのは、現代にかぎった話ではない。100年前の人たちも同じように集中力を乱していた。ただ、昔と今とでは、集中力を乱す要因が異なるだけだ。

集中力は、普通の人が丸一日かける作業を2時間でやり遂げるスキルである。

集中力を高めるための5つの秘訣を紹介しよう。

1 **集中力を高める時間を設定する。**長時間にわたって集中力を高められる人は、日々の練習によってそれを可能にしている。あなたも練習すればできるようになる。

2 **集中力を高める環境をつくる。**環境は集中力を高める能力に一定の役割を果たす。仕事をしているときは、ペットや子供、テレビは集中力を乱す要因になる。それを考慮して、集中力を高めることができる環境をつくる必要がある。

3 **脳の準備をする。**5分間、ウォーミングアップとして、集中力が高まる音楽を聴いたり、深呼吸をしたりしよう。

4

何に対して集中力を高めるかを知る。いろいろな課題に同時に取り組もうとすると、疲れやすくなって集中力を乱すことになる。集中力を高めて取り組む課題は、貴重な時間を割くだけの価値があるものでなければならない。

5

集中力を高める訓練をする。タイマーを15分から45分に設定しよう。特定の時間に集中力を高めるように脳を訓練するのだ。この訓練を積めば、気分が乗ったときではなく、スケジュールに従って集中力を高めることができる。

Suggestion

集中力を高める時間を設定しよう。それは15分でもいいし、30分でもいいし、45分でもいい。最初のうちは、より短い時間をおすすめする。何に集中するかは事前に決めておく必要がある。毎週、集中力を高める時間を5分ずつ延ばし、60分まで増やすために努力しよう。

23

日曜に1時間を割いて翌週の計画を立てる

充実した一週間を過ごしたいなら、事前に計画を立てよう。週末、とくに土曜は休養に充てるといいが、日曜は翌週の過ごし方について1時間を割くために最適な日だ。一週間の計画を立てるための5つのテクニックを紹介しよう。

1 **プランナーを使う。**せっかく計画を立てても、忘れてしまったら何の意味もない。したがって、プランナーやカレンダー、予定表を使う必要がある。とくに重要事項については スマートフォンにも記録し、さらにアラームを設定するといい。

2 **3つの主な目標を設定する。**充実した一週間の計画を立てるには、優先順位を明確にする必要がある。目標が多すぎると、すべてをいい加減に処理しやすい。そこで、金曜までにやり遂げるべき3つの主な目標を設定し、そのための時間を確保しよう。

3 **自分と愛する人たちのための時間を予定に組み込む。**充実した一週間を過ごすには、自由時間についても計画を立てる必要がある。あなたはそれを最優先事項として取り組むべきだ。たとえば、家族で夕食のテーブルを囲む、大切な人と一緒に出かける、トレーニングをする、セルフケアをする、などなど。それらの時間をプランナーに書き込んでおくと、優先順位をつけるのに役立ち、膨大な量の仕事に追われるのを防ぐことができる。

4 **最も生産的な時間を設定する。**自分が最も生産的である時間帯を選ぼう。たいていの場合、熟睡した直後の朝の時間帯がそうだ。そのときが最も創造性と集中力が高い。その時間帯に重要な課題に取り組めば、生産性を高めて困難な仕事を成し遂げることができる。

5 **毎日、計画を見直す。**どんな計画も調整する必要がある。毎晩、プランナーを見ながら、その日に成し遂げた課題をすべて消し、成し遂げられなかった課題を分析しよう。最も生産的な時間帯にその課題に取り組むべきだったのかもしれない。毎晩、その日のパフォーマンスを分析し、同じミスの繰り返しを避けよう。

Suggestion

成功が習慣によってもたらされるということで、偉人たちの意見が一致している。人生で成し遂げたいことがあるなら、そのための習慣を確立しよう。常に翌週の計画を立てると、意欲と生産性が高まり、成功を手に入れることができる。

PART 3

勇気と成功

勇気の度合いに応じて、
人生は繁栄したり衰退したりする。

アナイス・ニン（フランスの小説家）

24

不可能に見えるアイデアに挑戦する

望んでいる人生を手に入れたいなら、たとえ不可能に見えても、可能性を信じて挑戦しよう。周囲の人は「そんな考え方は常識はずれだ」と決めつけるかもしれないが、いったんそれが現実になると、誰も反論しなくなる。

たとえば、もしあなたが「来年、収入を倍にすることができる」と言うと、周囲の人は「それは不可能だ」と言うに違いない。たしかに固定給で働いているなら、何もしないかぎり、それは不可能だ。

不可能に見えるアイデアを現実にする方法を考えるとき、あなたは挑戦者として行動を開始することになる。どうやって大きな夢や目標を現実にするかを考え、それに取り組むことが出発点になる。

私の場合を例にとって説明しよう。数年前に本を書き始めたころ、いつかベストセラー作家になり、著書が数カ国語に翻訳されることが目標だった。当初、それは不可能に見えたが、努力を重ねた結果、現実になった。たとえ不可能に見えても、必ず現実になるという信念があれば、何でもできるという証しだ。

たゆまぬ努力を続ければ、不可能を可能に変えることができる。しかも、不可能な夢に挑戦する勇気と希望を人びとに与えることができる。

あきらめてはいけない。**「それは非現実的だ」と言う人たちの言葉を真に受けるべきではない。「そんなことは無理だ」と決めつける人たちを無視しよう。**できないと思い込んでいるかぎり、いつまでたってもできない。世界を変えた驚異的な発明は、誰かが思いついた非現実的なアイデアから始まったことを思い出そう。

結局、そうやって天才が生まれるのだ。あなたも自分の中に天才を宿している。

Suggestion

不可能に見える夢に挑戦し、それを現実にしよう。あきらめて挑戦しないなら、いつまでも夢のままだ。もしあなたがあきらめたら、やがて別の人が不可能に見えることを成し遂げるだろう。あなたが持っているアイデアとは、どのようなものだろうか？　そのアイデアに取り組むために、今すぐ何ができるだろうか？

25

成功者の共通点を取り入れる

成功者の共通点は何か？　それについて、アメリカの教育学者アルバート・グレイは「成功者は失敗者がやりたがらないことをすすんでする習慣を身につけている」と指摘している。

周囲を見渡してみよう。あなたが理想とする生き方をしている人は誰か？　もしそういう人が見当たらないなら、その人を探し求めよう。ほとんどの人が敬遠することをすすんでしている人を見つければいい。そして、その人を見つけたら、その人が成功するために実行している具体的な行動を取り入れる必要がある。

その人はふだんどんなことをしているか？　世間話や自慢話に興じるのではなく、ひたすら仕事に励んでいるか？　話し方はどうか？　他人を励ますような話し方をしているか？　もしそうなら、どんな話し方か？　その話し方を真似てみよう。物事がうまくいかないとき、その人はどのように対処しているか？

成功者がどのように結果を出しているかを観察し、彼らの行動パターンを取り入れよう。

そうすれば、あなたもほとんどの人が敬遠する習慣を身につけ、同様の結果を出すことができる。

成功者が身につけている習慣の具体例を紹介しよう。

・目標に取り組むために時間を確保する
・毎朝、5時に起きて将来の計画に取り組む
・常にその日の優先順位を決める
・日々の成功習慣として本を読む時間をつくる
・無駄な買い物や長時間のネットサーフィンをしない

成功者は失敗者と違って安易な道を選ばず、あえて困難なことに挑戦する。たとえうまくいかなくても、すぐに立ち直って前進を続ける。

Suggestion

言い訳をする人たちとは一線を画し、状況を見きわめて積極的に行動を起こそう。今日、ひとつの成功習慣を実行し、3週間続けよう。成功するにはたゆまぬ努力が必要だが、小さな努力を積み重ねれば、やがて成功を収めることができる。

26

成功のための最適な環境をつくる

自分が大半の時間を過ごしている場所を見渡そう。それは将来の成功を後押しする環境だろうか？　仕事場は散らかっていないだろうか？　ワクワクして意欲がわいてくる環境だろうか？

家庭、職場、地域社会のどれであれ、それはあなたの成功に大きな役割を果たす。多くの人が失敗するのは、成功のための環境をつくれていないからだ。働くのが嫌な人であふれていて、気分が滅入るような場所では大きな成果につながらない。

あなたは自分やチームの成功に役立つよりよい環境をつくることができる。ふだんから成功者と一緒に過ごせば、あなたも同じように成功を収める可能性が高くなる。一方、世の中に対して不平ばかり言って時間を浪費している人たちに囲まれていると、自分もそういう人間になってしまいやすい。

もちろん、自分の環境を選べるとはかぎらないが、ずっとそこにとどまっているなら、それは自分の責任だ。周囲の人があなたを支援せず、あなたをおとしめようとしているなら、自分がそれについて何らかの役割を果たしていないか見きわめなければならない。また、家庭や職場が散らかっているなら、それはあなたの精神に悪影響をおよぼし、成功を遠ざけるおそれがある。

人間関係に不満があるなら、それを変えよう。仕事に不満があるなら、それを変えよう。目標に合致しないものがあるなら、それを変えよう。

不満があるのに、いつまでもそういう状況を引きずっていると、いずれ疲れて燃え尽きてしまうおそれがある。今こそ、そういう状況から抜け出すときだ。

どういう環境に身をおき、どういう人たちと付き合うかは、成功の度合いを決定づける。成功を収めたいなら、そのための最適な環境をつくることが必要だ。

Suggestion

周囲の環境を見渡し、10段階で評価しよう。5以下なら変化を起こそう。6から8なら心がけ次第でなんとかなる。9か10なら夢や目標をかなえる理想的な環境だ。働いている場所や住んでいる場所、一緒に過ごしている人たちが自分の成功と幸福に貢献しているかどうかを見きわめ、もしそうでないなら、すぐに対策を講じよう。手遅れになると、大きな代償を払うはめになる。

27

明確なビジョンを確立する

成功する人は、達成したいことについて明確なビジョンを持っている。そして、それはいかなる困難も乗り越える粘り強さにつながる。大きな成果をあげる人は、途中で出くわす障害の向こう側にあるものを想像することができる。なぜなら夢の実現に必要なものを思い描く能力を持っているからだ。

困難な時期でも素晴らしい可能性に思いをはせると、情熱をかき立てて前進をうながす原動力になる。将来へのビジョンがなければ、それを実現する計画を持つことはできない。行動はビジョンのあとについてくる。ビジョンは新しい現実をつくり出す。目標をしっかりと見すえるなら、それは必ず達成できる。

今すぐビジョンを確立しよう。毎日、このエクササイズを実行するために、朝と晩に20分ずつ割こう。**静かに座って自分の将来を想像しよう。どんな仕事をし、どこで誰と暮らし、1年後にどうなっていたいか？**

自分が大好きな仕事をしていて、大切な人たちと過ごしている様子をイメージしよう。

ビジョンを細部にいたるまで鮮明に思い描こう。どんなに不可能に見えても、夢をあきらめてはいけない。自分を信じれば、必ず道は開ける。

自分がなりたいもの、したいこと、手に入れたいものについて強い決意を持とう。失敗しても乗り越えられると確信すれば、恐怖に屈しなくなる。

思い描くイメージが細部にいたるまで鮮明で、しかも不可能に見えることでも達成できると強く信じれば、意欲を燃やして目標に取り組むことができる。自分の未来について明確なビジョンを持つと、そのための道筋が見えてくる。

明確なビジョンを確立するためには、次のことをする必要がある。

1 目標の達成に必要なすべてのステップを書く
2 最初のステップから取りかかり、それが終わるまで続ける
3 次のステップに移る

Suggestion

目標の全体像を見ながら、細部にいたるまで鮮明に思い描き、目標の達成に必要な小さなステップをひとつずつクリアしていこう。

28

自分のミスに責任を持つ

自分に非があるのに責任を逃れようとしたことはないだろうか？　「何も知らない」とか「ほかの人のせいだ」と主張しなかっただろうか？　おそらく大半の人は身に覚えがあるはずだ。しかし、このやり方はけっして好ましくはない。たとえ認めなくても、自分の落ち度だったことを自覚しているからだ。

私たちは人間だから、ミスをすることは人生の一部である。ミスを完全に避けることはできないが、大切なのは、ミスをしたときに自分の非を認めることだ。

多くの人は、同僚であれ家族であれ、誰かを失望させたことで処罰されるのを恐れる。ミスを認めると屈辱を味わったり恥ずかしい思いをしたりするから、それを避けようとする心理が働くのである。

だが、そんな状況でとるべき唯一の対策は、潔くミスを認めて責任を持つことだ。ミスをしたときに、それを認めるべき5つの理由を指摘しよう。

1 **ストレスから解放されて熟睡できる。** ウソがばれるのを恐れると、ストレスがたまる。必死で真実を隠そうとすると、心配で熟睡できずに体調をくずすおそれがある。

2 **自信を持つことができる。** 自分のミスに責任を持てば、教訓を学ぶことができる。だから今後はよりよい決定をくだし、自信を持って人生を切り開くことができる。

3 **人間関係を強化できる。** 家庭でも仕事でもミスを放置すると、周囲の人は疑いを抱く。だが、何事についても正直に話し合うと、信頼が深まる。

4 **前を向いて生きていくことができる。** 責任を逃れようとすると、自分を正当化する必要が生じる。だが、潔くミスを認めれば、晴れ晴れとした気分になる。

5 **信頼を高めることができる。** 真のリーダーはすすんでミスを認める。彼らは自分の決定の結果を受け止め、信頼に値する人間であることを言葉と行動で示す。

Suggestion

ミスに対して責任をとるべき理由についてよく考えてみよう。素直にミスを認めて改善に努めることが、唯一の選択肢であることに気づくはずだ。

29

コンフォートゾーンから出る

多くの人はコンフォートゾーンの中に閉じこもって生きている。たしかにコンフォートゾーンに閉じこもっているかぎり、リスクはほとんどない。何もしないなら、何も起こらないからだ。

コンフォートゾーンとは、たえず恐怖におびえながら暮らす空間のことである。それは偽りの安らぎを与えてくれるが、その中に閉じこもっているかぎり、失敗のおぜん立てをしているようなものだ。コンフォートゾーンの中に閉じこもっていると、失敗を避けられるように思うかもしれないが、別の意味で失敗しているからである。

コンフォートゾーンから出て未知の領域に挑めば、なりたい自分がどのようなものかを発見することができる。あなたが望んでいるすべてのものは、コンフォートゾーンの外側にある。それは新しい仕事をすることかもしれないし、新しいスキルを身につけることかもしれない。あるいは、有害な人間関係を断ち切って新しい人間関係を構築することかもしれない。

コンフォートゾーンから出ることは、自由になるための方法だ。それは怖いことかもしれないが、そうすることによって最高の自分になれる可能性がある。

コンフォートゾーンから出ようとすると、恐怖におびえた声が心の中で聞こえてくるだろう。だが、あなたは次の究極の問いに答えなければならない。

「コンフォートゾーンから出たら起こりうることと、コンフォートゾーンから出なければ起こりうることのどちらを恐れるべきか？」

さらに次の3つの質問に答えて、自分を押しとどめている恐怖をはねのけよう。

1 思い切って挑戦したら起こりうる最悪の事態とは何か？

2 思い切って挑戦しなければ、何を失うおそれがあるか？

3 思い切って挑戦したら必ず成功するとわかっているなら、何をするか？

Suggestion

恐怖に立ち向かってコンフォートゾーンから出たら、どんなことが起きて、どんな成功を収めることができるか想像しよう。今日、長いあいだ怖くて避けていたことのひとつに挑戦し、そのあとでどう感じるかを確認しよう。

30

セレンディピティーを活用する

人生では、偶然のように見える出来事が、思いがけない幸せをもたらすことがある。これは「セレンディピティー（幸せな偶然）」と呼ばれる現象だ。

セレンディピティーがビジネスでどのように作用するかを具体的に説明しよう。

3M《スリーエム》の研究員が強力な接着剤を開発していたところ、弱い接着剤ができてしまった。当初、これは失敗作とみなされたが、研究員がたまたま演奏中に楽譜から栞《しおり》が落ちるのを見て、弱い接着剤を塗った栞を付箋として売り出すことを思いついた。これがポストイットという画期的な大ヒット商品の誕生秘話である。

こういう例は枚挙にいとまがない。失敗のように見えることでも、常に心を開いて可能性を追求すると、成功につながる。ただし、必ず行動を起こさなければならない。

では、セレンディピティーは、あなたの人生でどのように作用するだろうか。そういう不思議な力が存在することに気づいているなら、日常的に起こる奇妙な出来事を歓迎する必要がある。たとえば、たまたまカフェで出会った人と結婚することになるかもしれないし、機内で隣に座っていた人と意気投合して一緒に事業を始めることになるかもしれない。

セレンディピティーを積極的に活用することは、驚きに満ちた楽しい経験である。いつ何が起きて幸せをもたらすかわからないから、いつもワクワクして日々を過ごすことができる。

セレンディピティーをつくり出すための2つの提案をしよう。

1 **感謝の心を込めて人びとに微笑みかける。**セレンディピティーを引き寄せるうえで、感謝の心はきわめて重要だ。人と会うときは微笑みながら迎え入れよう。次に誰かと会うとき、幸せな偶然が待っているかもしれない。

2 **純粋な気持ちで人びとを助ける。**毎日、人びとを助けることで、幸せな偶然をたくさん経験することができる。人びとの役に立つと、相手の人生に力を与え、そのエネルギーが自分の人生に戻ってきて、素晴らしい機会をもたらす可能性があるからだ。

Suggestion

セレンディピティーを積極的に活用するためには、すべて計画どおりでなければならないという頑なな姿勢を改める必要がある。人生では直感に従って流れに身を任せることも大切であることを心に銘記しよう。

31

恐怖についての思い込みを変える

あなたが抱いている恐怖は、心の中でつくり出した幻想であり、想像しうる最悪のシナリオで構成されている。それは陰惨な未来を思い描く誤った認識にすぎない。

しかし、自分が抱いている恐怖を信じてしまうと、それが現実になるおそれがある。なぜなら、その恐怖が真実だと思い込むと、それに力を与えることになるからだ。

恐怖は人生の軌道を形づくる強力な心理状態である。そこで、恐怖に打ち勝つカギは、行動を起こすことだ。恐怖は、自分がとるべき行動を示す道しるべである。当然、それに従えば、恐怖を経験することになるが、そのとき自分が何かをしなければならないことに気づくだろう。

いかなる状況下でも、恐怖はけっして消えないことを肝に銘じよう。なぜなら新しい試練に直面すると、誰でも恐怖を感じるからだ。この真実を受け入れて、恐怖を敵ではなく味方として生きていくすべを身につける必要がある。

恐怖を感じたときに、それをうまくコントロールするための4つの方法を紹介しよう。

1
最高の結果を想像する。恐怖に取りつかれて想像している最悪のシナリオではなく、どういう人生を送りたいかを想像しよう。

2
自分を呪縛している不安を捨てる。「うまくいかなかったらどうしよう」という不安を捨てて、「きっとうまくいく」と自分に言い聞かせ、恐怖を乗り越えて突き進んでいる様子を想像しよう。

3
恐怖に立ち向かう。恐怖に取りつかれると、身がすくんでしまうが、思い切って行動を起こせば、恐怖を克服することができる。

4
ネガティブな思考を転換する。ネガティブな思考が浮かんできたら、すぐにそれをポジティブな思考と取り換えよう。

Suggestion

恐怖に取りつかれたら、「恐怖を感じるのは自然なことであり、私はそれをコントロールすることができる」と自分に言い聞かせよう。ネガティブな思考をポジティブな思考に転換することが習慣になるまで、それを実行するといい。

PART 4

モチベーションと自信

自分を信じよう。
自分の能力を信頼しよう。
自分の力に対して謙虚な姿勢で
適切な自信を持たなければ、
成功することも幸せになることも
できない。

ノーマン・ビンセント・ピール
（アメリカの牧師、著述家）

32

困難な状況下でも歩みを止めない

物事がうまくいっているときは、誰もがエネルギッシュになり、情熱にあふれ、行動的になる。これは仕事でもプライベートでも同じことだ。

ところが物事がうまくいかなくなると、ほとんどの人が引っ込み思案になり、疑念にさいなまれ、正しい決定をしているかどうか自信が持てなくなる。恐怖におびえて何事もおっくうになり、行動を起こすことができなくなる。

人生ではどんな状況に直面するか予想できない。たとえば、職場でリストラにあった、会社が倒産した、などなど。

こういう困難な状況下で私たちがやりがちなのは、完全に前進を止めることだ。「この先どうなるのだろう」という恐怖におびえて、何もしなくなるからである。

しかし、何もしないというのはけっして建設的な態度ではない。状況がひとりでに好転するのを待つのは必ずしも最善策ではないからだ。

覚えておこう。積極的に行動を起こすと、チャンスをつくり出すことができる。その結果、恐怖におびえて生きることから、目的を持って生きることへと心の姿勢が変化する。

困難な状況下で心がけるべきことを紹介しよう。

1 **感謝の心をはぐくむ。**自分が何に感謝しているかを考えてみよう。それによって心の姿勢が変わり、自分が受けている恩恵に意識を向けることができる。

2 **これまでに何を成し遂げたかを思い出す。**自分が成し遂げてきたことを思い出し、どれだけうまくいったかを振り返って自信を取り戻そう。

3 **新しいことに挑戦する。**新しい趣味を始めてみよう。ルーティンを変えると、ものの見方が変わる。

4 **リフレッシュする。**困難な時期には自分を大切にする必要がある。たとえば散歩をする、運動をする、良書を読むなどして、心身をリフレッシュしよう。

Suggestion

困難な状況に直面したら、次のことを自問しよう。ポジティブな変化を起こすために何ができるか？　今日、状況を少しでも好転させるためにどんな行動をとるべきか？　思い浮かんだことを紙に書き、立ち上がって行動を起こそう。

33

ポジティブな名言を読む

毎朝、私は目を覚ますと、ポジティブな名言をいくつか選んで読むことにしている。気分をリセットして、ポジティブな思考をするためだ。

ポジティブな名言には気分を盛り上げる力があり、脳を活性化して新しいアイデアを生み出し、一日の中で出くわす困難を乗り切るのに役立つ。

ポジティブな名言を暗唱する習慣は、思考を改善する打ってつけの方法である。多くの人がふだん不安や絶望にさいなまれているのは、ネガティブな思考が原因だが、ポジティブな名言を読めば、すべてが変わる。変化をうながし、行動を起こすように勇気づけてくれるからだ。

ポジティブな名言は次の4つの点で役に立つ。

1 **モチベーションを上げてくれる。** エネルギッシュになって積極的に行動を起こしたくなるから、人生がうまくいくきっかけになる。

2 **困難を乗り切る原動力を与えてくれる。**ポジティブな名言を読む習慣を身につけると、ピンチに見舞われて落ち込みそうになっても、元気を出すことができる。

3 **最も大切なことを思い出させてくれる。**健康や資産、人間関係など、ふだん持っているものに感謝するきっかけになり、ポジティブな姿勢を維持することができる。

4 **周囲の人にも知恵と勇気を授けてくれる。**ポジティブな名言を家族や友人、同僚と共有すれば、彼らはその知恵に感動し、勇気を出して前に進むことができる。

ポジティブな名言には、逆境に見舞われたときでも、まるで名コーチが寄り添って人生の道案内をしてくれているような作用がある。毎朝、少なくともひとつのポジティブな名言を読もう。そういう名言を集めて日記やノートに書きとめるといい。

Suggestion

毎朝、ポジティブな名言を読む習慣を身につけると、成功に向けて適切な心の持ち方になる。ストレスがたまったり不安を感じたりしたら、ポジティブな名言を読み返してみよう。一日にひとつずつ名言を書きとめると、1年後には365の知恵が詰まったポジティブな名言集ができあがる。

34

志の高い人たちと交流する場をつくる

目標の達成に向けて、アイデアや知識、経験を共有するために頻繁に会う2人以上の志の高い人たちの集まりを「マスターマインド」と呼ぶ。有名な例を紹介しよう。

・スティーヴン・キング夫妻はトレーラーハウスで極貧生活を送っていた。ある日、妻がパートから帰ったとき、ゴミ箱に捨てられていた原稿を読んで感動し、最後まで書き上げるように夫を励ました。彼はそれを完成させてベストセラー作家となった。

・トーマス・エジソンとヘンリー・フォードは、フォードがエジソン電気照明会社（現ゼネラル・エレクトリック）の技術者だったときに知り合った。エジソンはフォードのガソリン車のアイデアに感銘を受け、商品化するように励ました。フォードは退社後にフォード・モーターを設立し、エジソンの助言をもとに自動車の大量生産に成功して世界屈指の大富豪になった。エジソンの研究所が火災で焼失したとき、フォードは無利子で多額の復興支援をした。2人はお互いに尊敬し合い、生涯にわたって親交を続けた。

多くの成功者が志の高い人たちのグループをつくり、目標を達成してきた。マスターマインドが人生全般で役に立つ4つの理由を紹介しよう。

1 **知識と経験を共有できる。**お互いの知識と経験を学ぶことによって、問題解決に生かすことができる。

2 **支え合うことができる。**目標の達成につながるポジティブな環境に身をおくことによって、試練を乗り越えて恩恵を受けることができる。

3 **自信を高められる。**アイデアを共有して建設的な意見を得る場を確保することによって、安心して自信をつけることができる。

4 **人間として成長できる。**目標に向けて努力しながら、自分を見つめ直す機会を得ることによって、お互いの成長をうながすことができる。

Suggestion

仕事でもプライベートでも、お互いに支援し合って繁栄するために、さまざまなことについて気軽に相談できる志の高い人たちのグループをつくろう。

35

自分のミッション・ステートメントを作成する

人生の目的に対して信念を持つと、使命の実現に必要な方向性に関して、より的確な決定をくだす自信が生まれる。

ただし、人生の目的とは、単に多くのお金を稼いだり、有名になったり、高価なものを所有したりすることではない。人生の目的に対する信念を強化する方法のひとつは、ミッション・ステートメント（使命の表明）を作成し、毎日それを唱えることだ。

平たく言うと、**ミッション・ステートメントとは、どんな人間になりたいか、人生で何をしたいか、どんな価値観を追求したいかを簡潔な文章で表現したものだ。**

具体例を紹介しよう。

「私は明確な人生の目的を持ち、常にそれを追求する。私は自分らしさを大切にし、立派な生き方をして、世の中に好ましい影響を与える人物になる。私は明るい未来を切り開き、最高の自分になるために必要なものをすべて引き寄せる」

強いインパクトを持つミッション・ステートメントを作成し、それを何度も唱えて自分の信念にしよう。これを毎日の習慣にすれば、成功に必要な人やものを引き寄せ、理想的な環境をつくり、夢や目標を実現することができる。

人生の目的を明確に表現したミッション・ステートメントを書いてみよう。ただし、それは次の7つの条件を満たさなければならない。

1 「私は〜だ」「私は〜する」という形式で書く
2 現在形を用いる
3 肯定形を使う。手に入れたくないものではなく、手に入れたいものを強調する
4 具体的に述べる
5 強い感情的表現を入れる
6 ミッション・ステートメントを家族や友人に聞かせて共感を得る
7 周囲の人に意見や感想を求める。身近な人はあなたの使命をより明確にしてくれる

Suggestion

ミッション・ステートメントを作成したら、それを壁に貼って、たえず眺めよう。自分の使命を確認し、毎日それに向かってまい進しよう。

36

テレビや動画を見る時間を減らす

残念ながら、私たちが好きなことの多くは有益ではない。長時間のテレビや動画の視聴も要注意だ。そこで、そういう活動を控えれば、自由を取り戻すことができる。

テレビや動画は一日のうちの数時間を奪うだけでなく、一生のうちの数年間を奪う活動のひとつである。実際、いくら見ても見きれないくらいたくさんの番組であふれている。手軽に膨大な数の番組を楽しめるから、多くの人にとって、テレビや動画を見ることは気軽な娯楽と逃避の手段になっている。人びとは一日平均5時間もテレビや動画を見ているというのが実態だ。これは週に35時間、年に76日間に相当する。

毎年、画面を見ながら2か月半も漫然と過ごしているのを想像できるだろうか。これはかぎられた時間の途方もない浪費である。テレビや動画を見るのを控えて、その時間をエネルギッシュでクリエイティブな活動に充てれば、何ができるか想像しよう。

テレビや動画を見る時間を減らし、ライフスタイルを改善するための方法は8つある。

1 オンラインビジネスを立ち上げて副収入を得る
2 将来の計画を立てる
3 外国語を学ぶ
4 家の片づけをする
5 家族と質の高い時間を過ごす（ただし、これにはみんなでテレビを見る時間は含まない）
6 よりよい仕事を手に入れるための新しいスキルを身につける
7 年に20冊の本を読む
8 運動をして無駄な脂肪を落とす

テレビや動画を見ていることに気づいたら、以上の活動のどれかを実践しよう。もちろん、完全にやめる必要はないかもしれないが、テレビや動画を見るのを一日に1時間に限定するだけでも時間の大きな節約になり、生涯で数年間の喜びが増える。

Suggestion

テレビや動画を見る時間を減らして空いた時間を、より大きな見返りが得られる有益な活動に充てよう。そうすれば、人生に深い感動と喜びをもたらすことができる。

37

自分の成長に投資する

人間として成長することは、成功の土台である。それは、心構え、感情、知性、肉体、経済力の分野で自分を高めるという決意から始まる。

あなたが投資すべき最も重要な人物は、自分である。心構えを改善するために一日1時間を使うことは、多くのライフコーチが推奨している。それには読書や瞑想、イメージトレーニングなどが含まれる。

自分をよく知るために時間を投資しよう。**自分への投資は最優先課題である。なぜなら自分を大切にして初めて人助けができるからだ。**自分を大切にしない人が、本当の意味で他人を助けることができるだろうか？

自分の成長をうながしてくれる教材はいくらでもある。最近はオンラインの研修コースや本がたくさんあるので、自宅から離れる必要がない。

あなたがすべきことは、人生のどの分野に投資すべきかを決めることだ。それは精神的な成長か、経済的な投資か、仕事のスキルアップか、人生の目的を明確にすることか？

自分に投資するための5つの方法を紹介しよう。

1 **コーチを雇う。**

2 **オンラインの研修コースでスキルアップをはかる。**

3 **一日に1時間、読書をする。**成長をうながしてくれる良書はたくさんある。自分に合った本を選んで読めばいい。

4 **自分の健康に時間と労力を費やす。**運動の習慣を身につけよう。健康増進のために何かをすることは、老後も上質なライフスタイルを実践できることを意味する。

5 **人生設計をする。**目的地に向かって前進するために体系的に計画を練ろう。

Suggestion

あなたは自分の成長のためにどれくらいの時間を使っているだろうか？　ずっとしたかったが、してこなかったことは何だろうか？　もしそれができたら、自分の人生と周囲の人の人生はどのように好転するだろうか？

38

最高の第一印象を与える

第一印象は永久に取り消すことができず、いつまでも続く。相手の心をつかみたいなら、第一印象はきわめて重要である。

最高の第一印象を与えることは、強固な人間関係を築くためのカギである。自分の人柄についてポジティブな印象をずっと与え続けるための7つの秘訣を紹介しよう。

1 **善意を持つ。**人と会うときは、常に善意を持つことが大切だ。それは好ましい第一印象を与える。善意を持つことはたいてい好結果につながる。ほしいものがあるから相手に近づくのではなく、善意を持って近づけば、きっと相手は心を開いてくれる。

2 **自信を持つ。**自信は最高の第一印象を与えるカギである。弱気で引っ込み思案な性格では、相手に好印象を与えることはできない。いつも自信にあふれた姿を相手に見せることが好ましい。

3 **謙虚さを保つ。**面接であれ偶然の出会いであれ、ほとんどの人はとっさに自分のすごさをアピールしようとするあまり、傲慢な印象を与えてしまいやすい。自分を大きく見せようとするのは逆効果である。どんなときでも謙虚さを保つことが大切だ。

4 **情熱にあふれたあいさつをする。**「会えて嬉しい」という気持ちを相手に伝えよう。

5 **ボディーランゲージに気をつける。**常に相手の目を見ることは、自信と誠実さの証しである。逆に、目をそらすことは、自信不足か不誠実であることの証しだと解釈されやすい。足をゆすったり頭をかいたりするなどの余計なしぐさもよくない。会話中でなくても、ボディーランゲージはあなたについて多くを物語る。

6 **自分について話す時間を最小化する。**私たちは自分について話すのが大好きだが、それをやりすぎると、相手は10分もたたないうちに退屈して話を聞こうとしなくなる。そんなときは相手に話をさせて自分は聞き手に回ろう。そうすれば、相手に興味を持っていることを示すことができる。

7 **注意が散漫になることを避ける。**電話や周囲の雑音に気をとられてはいけない。

Suggestion

相手に感銘を与えようとしてやっきになるのではなく、相手にポジティブな興味を持っていることを自然体で伝えよう。

39

失敗を歓迎する

何かで成功を収めた人は、途中で必ず失敗を経験している。人生で失敗を避けようとするのは、海に飛び込んで濡れないようにするのと似ている。だから常に失敗を想定し、ふだんからその準備をしておくべきだ。これは失敗のショックをやわらげる効果がある。

失敗は成長と向上のプロセスの一部だ。職業、財産、地位に関係なく、これはすべての人に当てはまる。逆説めいているが、成功するうえで失敗は不可欠なのだ。

失敗しないつもりでいても、誰もが失敗してしまう。だから、いつも必ず成功すると思っていたら、がっかりすることになる。

多くのことに挑戦すればするほど、失敗のリスクは高まる。絶対に失敗しない人がもしいるとすれば、新しいことに挑戦するのを拒否している人だけだ。

新しいことに挑戦しなければ、失敗のリスクをなくすことはできるが、自分で設定した限界を突破することはできない。たしかにそれは気楽かもしれないが、見えない壁の中に閉じ込められて、成功を収める可能性を限定してしまう。

そこで今日から失敗を歓迎し、敗北を勝利に変える機会を探そう。自分の人生に責任を持ち、道を切り開き、力強いライフスタイルをめざそう。

最もたくさん失敗する人は、恐れることなく果敢に突き進む人だ。

失敗を歓迎する３つの方法を紹介しよう。

1 失敗を想定しておく。 失敗は人生に付き物であることを理解しよう。

2 失敗から教訓を学ぶ。 壁に突き当たったら教訓を見つけてやり方を変えよう。

3 失敗について相談する。 失敗を恥じるより、信頼できる人に意見を求めよう。

失敗にうまく対処できなくても、心配する必要はない。初めから完璧にできる人はいない。心構えを改善して自信をつければ、やがて失敗にうまく対処できるようになる。

Suggestion

成功する人に共通する心構えは5つある。失敗して苦しいときは、それを参考にして前進を続けよう。すなわち、①しっかり計算したうえでリスクをとる、②失敗を戦略に組み入れる、③状況が困難になったら粘り強さを発揮する、④よい習慣を身につける、⑤けっして言い訳をしない。

40

完璧主義をやめる

完璧でなければ気がすまないという姿勢は、成果をあげるのを妨げる最大の要因である。実際、完璧主義をやめないかぎり、成果をあげることは至難のわざだと言っても過言ではない。

完璧主義者は完璧な環境で完璧な生き方をするために全力を傾ける。だがそれは幻想にすぎない。それどころか、完璧主義のせいで窮屈な生き方を強いられる。結局、完璧主義者は成果をあげることができず、ストレスに苦しむことになる。

完璧主義のために進歩を遂げることができないなら、それは改めるべきだ。たとえば、久しぶりに運動することになったら、いきなりハードな運動をしようとするのではなく、一日に10分ほど体を動かす程度から始めて、それを習慣にすればいい。あるいは、仕事で何らかのプロジェクトに取りかかるときに圧倒されているなら、一気に片づけようとするのではなく、それを細分化してプレッシャーを取り除けばいい。

何をするにしても、どこかから始めなければならない。ところが完璧主義に陥ると、おっくうになって何も始めることができなくなる。だから大きな課題を細分化して取りかかることが重要だ。

完璧主義をやめる3つの方法を紹介しよう。

1 **いきなりうまくできることを期待しない。**どんなことでも、いきなりうまくできる人はいない。そういう非現実的な期待を抱くと、何もできなくなってしまう。練習するうちに徐々に上達するのが自然な姿である。

2 **失敗してもいいと考える。**すぐにあきらめる人は、それは自分に向いていないと思い込むクセがある。失敗しても柔軟に取り組めばいいと考えれば、気が楽になる。

3 **完璧を求める内面の声を黙らせる。**「完璧でなければならない」という声が心の中で聞こえてきたら、それを黙らせ、「この程度で十分だ」と自分に言い聞かせよう。

Suggestion

人生のどの分野で完璧主義に陥っているかを考えてみよう。何かが完璧でなければならないと思うとき、心の中でどんな声が聞こえてくるだろうか？　失敗するのが怖くて重要な課題を先延ばしにしていないだろうか？　それが何であれ、今すぐに取りかかろう。とにかく第一歩を踏み出せばいい。あなたならできる。

41

すでに成し遂げたことを祝う

私たちは常に次の課題、次のプロジェクト、次の目標に意識を向ける傾向がある。生産性を高めて、より多くのことを成し遂げようとするあまり、自分がこれまでに達成した重要なことを忘れてしまいやすい。

私たちはうまくいかなかったことや逃したチャンス、取り返しがつかない失敗に意識を向けがちだ。そのため、成果があがらなかったことに対して後悔の念にかられる。

そこで、さらに多くの目標を設定して、後悔の念を消し去ろうとする。だが、そんなときは、さらに多くの目標を設定するのではなく、すでに成し遂げたことを思い出し、過去の勝利を祝おう。これまでに成し遂げたことがどんなに多いかに驚くはずだ。

成功とは勝つこととはかぎらない。だから**レースに出て一着にならなくても、それを敗北と決めつけるべきではない。****レースに参加したこと自体が勝利なのだ。**トロフィーやメダルをもらわなければ、努力が実を結ばなかったと思いがちだが、ものの見方を変えて、レースに参加できたことに感謝すべきである。

この一年で成し遂げたことをリストアップしよう。10回の勝利のリストをつくれば、自分がどれだけ多くのことを成し遂げたかがわかって感動するだろう。

たとえば次のようなことがそうだ。

・人前でうまく話すことができた
・会社に就職することができた
・家を買う資金を貯めることができた
・意中の人と結婚することができた
・家族を旅行に連れていくことができた

あなたは思っているよりもずっと成功している。自分を過小評価するのではなく、自分の素晴らしさを適切に評価しよう。

Suggestion

これまでに成し遂げたことのリストを、目につきやすい場所に貼っておこう。それは多くのことがうまくできた証しだから、大いに自信を持つべきである。

42

自分にささやかな褒美を与える

あなたは自分に優しくする必要がある。つまり、うまくいかないときに自分をけなすのではなく、頑張った自分に褒美を与えるのだ。

もちろん、それをやりすぎてはいけないが、適度に時間をとって、楽しみながらリラックスすることは、人生に喜びをもたらすうえでとても大切である。また、そうすることによって次の挑戦のための活力を得ることができる。

長く働き続けると疲労につながり、燃え尽きてしまうおそれがあるから、何らかの目標を達成したら、頑張った自分にささやかな褒美を与えて心身を癒やそう。そうすれば、成果をあげたことに喜びを感じることができる。

頑張った自分にささやかな褒美を与えるための10のアイデアを紹介しよう。

1 家族や友人と小旅行に出かける
2 好きな映画を2、3本見る

3 お気に入りのレストランで美味しいものを食べる
4 全身&フットマッサージを受ける
5 しばらくしていなかった趣味に没頭する
6 未来の素晴らしいことを想像しながら自宅で何かを飲む
7 業者に依頼して自宅の片づけをしてもらう
8 ずっと読みたかった本を買って読む
9 ずっとしてみたかった冒険をする（例　スキューバダイビング、乗馬、登山）
10 自転車で長距離の旅に出かける

以上のリストはあくまでも参考である。大切なのは、自分が何らかの成果をあげたことを祝うためのポジティブな経験をすることだ。脳内の神経伝達物質であるドーパミンが増えると、やる気と幸福感が高まり、次も頑張ろうというモチベーションにつながる。

Suggestion

どんなに小さな勝利でも大切にして、自分にささやかな褒美を与えよう。大きな勝利を収めるまで待つのではなく、小さな勝利をそのつど祝って自分の努力に報いればいい。

PART 5

前向きな心構え

あなたは自分で思ってもみない力を
持っている。
あなたはできないと
思い込んでいたことができる。
限界があるとすれば、
自分がつくった限界だけである。

ダーウィン・キングズリー
（アメリカの実業家、ニューヨーク生命社長）

43

自尊心を高める

自尊心を損なっている状況について考えてみよう。代表的なのは、配偶者や愛する人とのいざこざ、友人とのもめごと、同僚とのトラブル、離婚や破産、失業などの大きな痛手である。

どんな状況が自尊心を損なっているかがわかったら、そのときに自分がどう考えているかに気をつけよう。それには、ふだん自分にどのように語りかけているかとか、自分のおかれている状況をどう見ているかも含まれる。それは合理的かもしれないし、不合理かもしれない。

いずれにせよ、あなたは自分に対して言っているのと同じことを友人に対して言えるだろうか？　もし言えないなら、自分に対してそんなことを言ってはいけない。

あなたは自分が陥っているネガティブな思考をポジティブな思考と取り換える必要がある。そのための５つの原則を紹介しよう。

1 **希望にあふれた表現を使う。**自分を鼓舞しよう。うまくいかない状況について思い悩むのではなく、「厳しい状況だが、私はこれを乗り切ることができる」と自分に言い聞かせよう。

2 **自分を許す。**誰もがミスをするが、ミスをしたからといって、人間としての価値が下がるわけではない。「私はミスをしたが、だからといって無価値な人間ではない」と自分に言い聞かせよう。

3 **ポジティブな側面に意識を向ける。**自分の人生の中で、うまくいっている部分について考えよう。試練に対処するために身につけたスキルを思い出そう。

4 **学んだことについて考える。**ネガティブな経験をしたら、よりポジティブな結果を出すためにどうすればいいかを考えよう。

5 **ネガティブな思考を転換する。**ネガティブな思考をポジティブな思考に転換するために、「気分よく過ごすには、どう考えたらいいか？」と自分に問いかけよう。

Suggestion

ネガティブな思考を改善し、自分の人間としての価値を認めよう。少しずつ自尊心を高めれば、徐々に自信がついて幸福感が高まる。

44

怒りをうまくコントロールする

私たちは気に食わないことがあると腹を立てやすい。だが、腹を立てたときの言動は後悔につながるおそれがある。何年もかけて強固な関係を築いても、一瞬の怒りのせいで崩壊することがある。そのときは気分がスッキリして満足が得られるかもしれないが、大きなダメージがおよぶことを認識しておく必要がある。

相手が家族、友人、知人、同僚のどれであれ、怒りは人間関係にとって危険かつ有害だ。怒りをうまくコントロールすることは、良好な人間関係を維持するために不可欠である。そこで次の４つの方法を実行すれば、怒りをうまくコントロールすることができる。

1 **うまく怒りを吐き出す。** 怒りをため込むのは賢明ではない。怒りがたまると憎しみに変わり、憎しみは苦しみにつながるから、怒りを捨てたほうがいいのだが、それをうまくしなければならない。そのための最善策は、しばらくその場を離れて深呼吸しながら気分転換をはかり、冷静さを取り戻したら、相手と対決するのを避けて、自分の気持ちを的確に表現することだ。そうすれば、腹を立てずに怒りを吐き出すことができる。

2

自分の怒りを疑問視する。腹が立ったら、自分の怒りを疑問視しよう。腹を立てることが解決につながるかどうかを自分に問いかけよう。おそらくその答えは「ノー」だろう。なぜなら怒りは解決策になるどころか、事態を悪化させかねないからだ。自分の怒りを疑問視することは、腹が立つ状況について考え直すきっかけになる。

3

腹を立てるのではなく、解決策を見つける。冷静さを保って怒りを避けるためには、腹の立つ問題に対して見方を変えることが大切だ。いかなる状況でも対決するのではなく、適切な解決策を見つけて問題を円満に解決したほうがいい。

4

信頼できる人に相談する。以上の方法でも怒りが鎮まらないなら、友人や配偶者などに相談しよう。信頼できる人に相談すれば、心の重荷が軽くなるし、中立的な立場から助言してもらうと、よりよい解決策が見つかるかもしれない。

Suggestion

怒りはどんなに強固な人間関係も破壊する恐るべき力を持っているから、他者との良好な関係を維持するために怒りをうまくコントロールしよう。

45

恐怖心が強い人たちとは距離をおく

たいていの場合、あなたが抱いている恐怖心の由来はあなた自身ではなく、ふだん付き合っている恐怖心が強い人たちである。

自信のない人が抱いている恐怖心は、周囲の人に悪影響をおよぼすおそれがある。ネガティブな言動は伝染しやすいからだ。

恐怖心が強い人と付き合うと、あなたも恐怖心が強くなる。彼らが発信する不安に満ちたメッセージが、あなたの潜在意識に刷り込まれるからだ。

ネガティブな人と一緒にいると、自信を失って成功の可能性が低くなる。一方、**ポジティブな人と一緒にいると、モチベーションが高まり、「何でもやればできる」という自信を持つことができる。**

恐怖心が強い人が拡散する有害なメッセージのために、素晴らしい人生をつくる可能性を台無しにしてはいけない。何かにつけて否定的なことを言いたがる人は、あなたをがっかりさせて足を引っ張ろうとする。そういう人はあなたの思考をゆがめ、最悪の事態を信じさせようとするおそれがある。

あなたは生きていく中で、恐怖や不安、疑念などのネガティブな感情を経験するだろう。それをすんなり受け入れることもできるが、信念と勇気と行動にもとづいて道を切り開くこともできる。

自分を指導してくれるメンター（人生の師）を見つけよう。メンターは困難な状況下で導いてくれる。その人はすぐれた洞察力の持ち主で、適切な提案や明快な答えを示してくれる。

ポジティブで強固な人脈をつくるための4段階の行動計画を紹介しよう。

1 恐怖を乗り越えて行動を起こす勇敢な人と付き合う
2 成功者の行動パターンを見習って同じ習慣を身につける
3 あなたの人生の目的を支援してくれない人とは別れる
4 あなたの支援を必要としている前向きな人を指導する

Suggestion

果敢に行動するポジティブで自信にあふれた人たちと強固なサポート体制を築こう。信頼できる人と夢や目標について話し合い、今後の計画を一緒に練ろう。

46

スティーブ・ジョブズの戦略を見習う

アップルのCEOをつとめたスティーブ・ジョブズが、自ら考案したデザインをエンジニアたちに見せたところ、彼らは「それは絶対に無理だ」という反応を示した。だが、ジョブズは何事に対しても独自のやり方を貫いた。「想像できるなら現実にできる」と確信していたからだ。

ジョブズがビジョンを現実にしたのは、たとえまだ存在していなくても、それを強く望めば、必ず手に入ると確信していたからである。ジョブズは多くの反対に直面したにもかかわらず、世界屈指のイノベーターになった。彼はけっして言い訳をせず、数百人の部下からも言い訳をいっさい受け付けなかった。

私はそれを「スティーブ・ジョブズの戦略」と呼んでいる。不安や疑念を払いのければ、不可能に見えることでも必ず成し遂げることができる。

ジョブズのように、最高レベルにこだわり、いかなる理由があろうと、ひるまず、屈せず、あきらめず、安易な妥協をしてはいけない。恐怖のためにおじけづくことなく、能力を存分に発揮しよう。常に次の高みをめざそう。信念を持って飛躍するなら、不可能を可能にすることができる。

あなたはなりたい自分になる力を持っている。自分が理想とする人生を実現することに努めよう。情熱を燃やしたくなる目標を設定し、それを実現するために全力を尽くそう。自分が能力を発揮できると思う分野で積極的に行動を起こそう。

たとえ失敗しても、あきらめてはいけない。くじけずに前進を続ければ、ビジョンを現実にすることができる。

次の2つの質問を自分に投げかけ、成功に向かって前進しよう。

1 ふだんどんな言い訳をして、能力を発揮するのを妨げているか？

2 簡単にあきらめるか、信念を貫いて試練に立ち向かうか、どちらだろうか？

Suggestion

望んでいる人生を遠ざけている言い訳を列挙しよう。それらの言い訳はあなたに恩恵をもたらしているだろうか？

47

ライバルに学んで改善する

自分より優れた人と競争することによって多くを学ぼう。たとえ一位になれなくても、自分より優れた人と競うことは大きな力になる。

ビジネスであれスポーツであれ、ライバルは常に存在する。人びとは自分より優れた人に勝つために、彼らがしていることを見て、よりよくなろうと努力する。多くの人はライバルのやり方をそのまま真似しようとするが、真似をしたからといって好ましい結果が得られるとはかぎらない。大切なのは、創造性を発揮して、長期にわたる成長を遂げるために独自のやり方を編み出すことだ。

あなたはライバルの後ろをついていくか、先頭を走ってほかの人たちをリードするか、どちらかである。ライバルのアイデアの真似をしていても、その人の後ろをついていくだけだから、大きな成功を収めることはなかなかできない。そこで、イノベーションを起こすことが唯一の解決策となる。これは仕事にもプライベートにも当てはまる。

ライバルはどの分野にも存在する。どんな仕事や趣味であれ、あなたより優れた人は必ずいる。その人を見つけて、それをさらに改善する方法を学ぼう。
ライバルは次の４つの教訓を与えてくれる。

1 **ライバルを尊敬する。**ライバルはあなたの教師だ。彼らは顧客やファンの要望を分析し、適切な解決策を人びとに提供している。ライバルのプロ意識に敬意を払おう。

2 **成長の機会を与えてくれる。**ライバルのやり方を見て、それをほんの少し改善しよう。さらに一歩進めることで、成長と勝利が可能になる。

3 **顧客やファンの意見に学ぶ。**人びとはあなたのライバルについてどう言っているだろうか？　ネガティブな意見に注目しよう。あなたが参考にすべき点はそれだ。

4 **ライバルのいたらない点に学ぶ。**ライバルのいたらない点を見つけて、よりよいモノやサービスを提供するためにイノベーションを起こそう。

Suggestion

仕事でライバルを見つけて、彼らの成功の秘訣を学び、プロ意識を見習って、モチベーションを高めよう。

48

成功者の言動を見習う

多くの成功者の中で、あなたは誰を高く評価するだろうか？　成功の手本となる人を見つければ、同じような結果を出すにはどのような言動を見習うべきかがわかる。

私たちは成功者のスキル、習慣、行動パターンを見習うことによって、自分の成功に役立てることができる。成功の手本となる人の言動を見習うことは、自分のスキルを磨いて可能性を広げるための効果的な方法だ。

成功の手本となる人は、サクセスストーリーを持っている。それがどのようなものかを見きわめて、自分のサクセスストーリーをつくろう。たとえまだ望んでいるところに到達していなくても、自分がめざす未来のサクセスストーリーをつくることができる。

成功の手本として適切なのは、世の中に影響力を持っている人物だ。彼らのポジティブな言動は人びとを勇気づけ、成功への大きな推進力になる。

成功の手本となる人は、恐怖を克服して障害を乗り越え、適切な解決策を実行する。彼らは身をもって、人びとに奉仕することが成功する生き方であることを示す。

あなたも適切な解決策を提示して人びとの役に立つことができる。人びとの問題を解決できるとはかぎらないが、寄り添って苦しみをやわらげることはできる。

次の4段階のプロセスに従って、人生に取り入れたい変化を起こそう。

1 **成功の手本になる人の資質を簡潔に書き、その人を選ぶ理由を考える。**なぜその人の資質は自分にとって重要なのか？

2 **どんな人が理想的な成功者かを考える。**その人のどんな価値観を学ぶべきか？

3 **自分を彼らと同じレベルに高めるには、どんな変化を起こす必要があるかを考える。**今日、その変化を起こすために踏み出すべき第一歩とはどのようなものか？

4 **他人の成功の手本になることをめざす。**他人の成功の手本になるには、どのような言動が求められているか？

Suggestion

成功の手本となる人を見つけよう。有名なアスリートか、起業家か、ミュージシャンか、作家か？　その人のスキルや振る舞い、習慣、魅力を書いて、それを見習おう。

49

失敗を味方につけて飛躍のきっかけにする

辞書によると、失敗の定義は「何かをしようとして、うまくいかないこと」である。ところが、多くの人は失敗を「何かがうまくいかず、あきらめること」と考えている。

失敗をどう定義するかが、失敗の恐怖をどう乗り越えるかを決定づける。たいていの場合、私たちは失敗すると動揺し、自信を失いやすい。もし失敗を敗北と定義するなら、すぐにあきらめてしまうことになる。

失敗を忌避すべきものと考えるクセがついていると、すべての決定に悪影響をおよぼす。失敗するのが怖いために、チャンスをリスクとみなし、なんとしてでも避けようとするからだ。その結果、失敗する可能性を低くするために安易な道を求めるが、このやり方は最高の解決策にはならない。

失敗しなければ成功者になれるというわけではない。**失敗を敵とみなして逃げるのではなく、失敗を味方につけて飛躍のきっかけにしよう。**

多くの人は何かをやってうまくいかないと自分を責める。その結果、怖くなって再挑戦しなくなる。失敗して犠牲になりたくないという思いが強く、それがさらに失敗の恐怖につながる。だが、失敗をチャンスとして歓迎すると、失敗は成功につながる。

あなたがすべきことは、失敗の定義を修正することだ。

失敗をどう定義するかは、ふだんの心構えと密接に結びついている。失敗を「一巻の終わり」と定義し、復活の見込みはないと思い込んでしまうと、重大な問題が発生する。何かで失敗することは恥だと考え、罪悪感にさいなまれるからだ。それは仕事でもプライベートでも同じことである。

人生で失敗は避けられない。失敗は学習のための貴重な経験である。ところが私たちは失敗を成功の敵とみなしがちだ。失敗は敵ではなく、成功の秘訣を教えてくれる味方である。**正しい方法を見つけるためには、ときには間違った方法で学ぶ必要がある。**

私たちは不完全な人間だから、どうしても間違いを犯す。だがそれでいいのだ。失敗を積み重ねて初めて成功を手に入れることができるのだから。

Suggestion

失敗したら終わりではなく始まりとみなし、改善に努めよう。あっさりあきらめると、そこで本当に終わってしまう。

50

自分の手で幸運をつくり出す

幸運とは、適切な時期に適切な場所に居合わせることである。とはいえ、成功するために幸運に頼るのはよい戦略ではない。幸運を手に入れたいなら、目標に向かって行動を起こし、自分の手で幸運をつくり出すべきだ。

幸運をつくり出す４つの方法を紹介しよう。

1 **成功をイメージし、その計画を立てる。** 毎日、目標について考えよう。自分にとって成功とはどのようなものかを想像し、それを手に入れる方法を考えてみよう。幸運は、いつも次の動きを計画することで訪れる。ほしいもののビジョンを持ち、それを手に入れるための行動計画を立てよう。成功の計画を立てる人は、そうでない人よりも、夢をかなえられる確率がずっと高い。成功したいなら、単なる偶然に頼ってはいけない。

2 **もっと多くの人と出会う。** 出会う人が多ければ、それだけチャンスが増えて、より多くの幸運をつくり出すことができる。パーティーやオンラインサロンなどで新しい友人をつくって交際範囲を広げることは、チャンスを増やす最適な方法のひとつだ。

3

恐れていることをやってみる。 いつも同じことをしているかぎり、同じ結果しか得られない。幸運が訪れるのを待っているのではなく、積極的に幸運をつくり出す必要がある。そのためには、今までやったことがないことに挑戦しよう。恐れていることをやってみると、チャンスが生まれる。

4

手に入れたいものを適切な人に頼む。 幸運は、あなたのアイデアや提案、売り込みに対して「イエス」と言ってもらうことで訪れる。あなたが頼まないかぎり、誰も「イエス」と言ってくれない。多くの人は発見されるのを待ち、ほしいものを与えてもらうことを期待している。だが、一部の人は積極的に行動を起こし、ほしいものを求める。あなたが頼むと、多くの人は「ノー」と言うだろう。だが、わずかな人は「イエス」と言ってくれるはずだ。周囲の人はあなたがたまたま幸運に恵まれたと思うかもしれないが、あなたは自分の手で幸運をつくり出したことを知っている。

Suggestion

以上のことを参考にして、どうすれば自分の手で幸運をつくり出せるかを考え、思いついたアイデアをリストアップしよう。

PART

6

ポジティブな思考とコミュニケーション

他人を非難するのではなく、
他人を理解するために努力しよう。
なぜ彼らがそういうことをするのか
を考えてみよう。
そのほうが批判するよりもはるかに
有益だし興味深い。
しかも、同情と寛容の精神と
思いやりの心をはぐくむことができる。

デール・カーネギー（アメリカの著述家）

51

毎日、頭の中をきれいに掃除する

ゴミを定期的に捨てずに、何か月もキッチンにため込んだらどんなことになるか想像できるだろうか？

もちろん、それは想像しがたいことだが、考えてみると、私たちは恨みや憎しみ、心配などのネガティブな思考を、何か月どころか何年もため込んでいるのが実情だ。

多くの人は役に立たない古い記憶に固執し、同じ問題を何度も考え、ネガティブな思考にとらわれて、みじめな気分にさいなまれている。人間は一日に平均5万個の思考をするが、その大半はネガティブな思考だ。**ネガティブな思考をため込むと、脳にとって重荷になり、一日が終わるころには精神的にすっかり疲れてしまう。**

毎晩、就寝前に一日を振り返ってネガティブな思考を処分する必要がある。長時間にわたってテレビを見たりネットサーフィンをしたりして過ごすのではなく、脳の中にたまったゴミを捨てよう。「脳の掃除」は、気分をリフレッシュして、翌日、新しいスタートを切るのに役立つ。ネガティブな思考に固執して何の利益があるだろうか？

毎晩、脳の掃除をすれば、ポジティブなエネルギーにあふれて目を覚ますことができる。翌日には脳が冴えわたるので、情熱をほとばしらせて一日を過ごし、生産性を飛躍的に高めることができる。

毎晩、10分間で頭の中を掃除するための４つの秘訣を紹介しよう。

1 人生で感謝している5人に思いをはせる

2 いつも一緒にいてくれる人たちに感謝をささげる

3 恨んでいる相手に思いをはせる。その人の長所について考え、励ましの言葉を心の中で贈って、その人に対するネガティブな思考を消し去ろう

4 ネガティブな思考をすべて燃え盛る炎の中に投げ入れている様子を想像する。このエクササイズは睡眠を改善するのに役立つので、スッキリした気分で生きていくことができる

Suggestion

毎晩10分間、静かな場所に座ってリラックスしながら一日を振り返り、感謝している人たちや出来事を思い浮かべ、ネガティブな思考を捨てよう。そして翌日、まっさらな気持ちで新しいスタートを切ろう。

52

日記をつけて思考を書き出す

思考を書き出すことは、脳を明晰にするための打ってつけの方法であるだけでなく、脳の中の不要な思考を排除するための効果的な方法でもある。

思考を書き出すべき4つの理由を紹介しよう。

1 **古いアイデアを処分することができる。**ネガティブな思考がたまると、思考プロセスの邪魔になる。思考を書き出すことによって古いアイデアを処分すれば、新しいアイデアを生み出すのに役立つ。

2 **頭の体操をすることができる。**新しいアイデアを生み出す作業は、脳を活性化してフレッシュな状態にさせる。起床時と就寝時にそれを習慣にすると、毎日、思考をリセットすることができる。

3 **重要な目標に意識を向けることができる。**古いアイデアを処分し、思考をリセットすると、脳が明晰になり、自信がわいてくる。これはモチベーションを高めて重要な目標を達成するうえで不可欠である。

4

創造性を高めることができる。就寝前に不要な思考を処分することを習慣にすれば、睡眠が改善されて起床時に気分が爽快になり、創造性を高めて仕事でもプライベートでも成果をあげることができる。

ネガティブな思考のきっかけになる原因に気をつけよう。それは不仲の相手か、憤りを感じる状況か、克服していない恐怖か？　あなたはネガティブな思考に陥るのはどんなときかよく自覚しているに違いない。怒り、不安、恐怖にさいなまれるときがそうだ。自分の思考を冷静に見きわめよう。内なる声が語りかけるネガティブなことを信じているなら、それを打ち消そう。心の中で聞こえてくる内なる声を信じるかどうかは、あなた次第だ。

Suggestion

頭に浮かんでくることを日記に書きとめ、怒り、恨み、妬みに根ざすネガティブな思考に気をつけよう。放置すると、それらの思考はますます強くなるから、ネガティブな思考を処分して負の連鎖を断ち切ることが重要だ。

53

考えすぎを防ぐ

暗い思いや悲しい思いがひっきりなしに浮かんできて頭がいっぱいになり、困った経験はないだろうか。それは「考えすぎ」と呼ばれる現象だ。

考えすぎは精神衛生上たいへん悪い。しかも周囲の人を遠ざけるから、孤立感にさいなまれるおそれがある。また、脳を混乱させ、悪い決定や未来への不安につながりやすい。

考えすぎてしまう3つの代表的な理由は次のようなものだ。

1 **長いあいだ問題について考えれば、洞察が深まると思っているから。**しかし、考えすぎると、ますます不安と混乱を招くだけである。

2 **自分の力ではどうにもならない問題に直面しているから。**しかし、そういう問題をどうにかするためにあがくと、ますます深刻さを増す。

3 **最悪の事態が起こると思い込んでいるから。**しかし、そんなふうに思い込んでしまうと、思考がそういう現実を本当につくり出すおそれがある。

考えすぎは生産性を低下させる。集中力を乱しがちなために、効率的かつ創造的に考えることができなくなり、取るに足らないことを延々と考えてしまうからだ。

考えすぎを防ぐための3つの方法を紹介しよう。

1 **自分の思考をコントロールする。**不安や心配などのネガティブな思考をするクセがついているなら、考えすぎの傾向を改めよう。

2 **マインドフルネスを実践する。**マインドフルネスとは、今この瞬間に集中することである。過去のことを悔やんだり、未来のことを心配したりすると、精神的に疲れるだけだ。

3 **ポジティブな言葉を繰り返す。**ポジティブな言葉を声に出して繰り返すことで、心の持ち方を変えることができる。なぜならポジティブな言葉に秘められた知恵を得ると、前向きで明るい気分になるからだ。

Suggestion

ふだん心配ばかりしているのなら、自分の思考を意識しよう。考えすぎていることに気づいたら、すぐに気分転換をはかろう。

54

熱意あふれるメンターになる

あなたは他人が試練を乗り越えて成功するのを助ける力を持っている。他人の人生を好転させる準備ができているなら、誰かのメンターになるときだ。

メンターとして指導すると、相手の人生に多大な影響を与える。また、メンターは相手との関係で新しい役割を担うことになる。それはポジティブなコミュニケーションを通じて相手の成長をうながすことだ。

あなたが相手に奉仕すると、相手はあなたの経験から生まれた知恵を学んで成長し、恩恵を受けることができる。

メンターとして相手を指導することは、友情と誠実さを必要とする。素晴らしいメンターは相手の能力開発を手伝い、より高いレベルの成功を収めることができるように努めなければならない。

メンターになるために特別な訓練は必要ない。相手の成長を手助けしたいという真心と情熱を持ちさえすればいいのだ。あなたはメンターに必要な訓練やスキル、知識をすでに持ち合わせている。それは生涯にわたる経験の賜物だ。

相手の人生に役立つ機会を探し求めよう。励ましの言葉、優しいしぐさ、救いの手は、長い年月を経ても相手の記憶に残るものだ。

他人のメンターになるうえで備えているべき5つの資質を列挙しよう。

1. 相手の成長をうながして成功を後押ししたいという善意
2. 相手の幸せを願って時間と労力をささげたいという献身的な姿勢
3. 相手の能力開発を手伝って育成に努めたいという熱意
4. 相手の将来のために思いやりを持って指導したいという真心
5. 相手の理解者として温かく支援したいという純粋な優しさ

Suggestion

助けたいと思う人に誠実な気持ちで手を差し伸ばそう。それは友人や同僚かもしれないし、出会ったばかりの人かもしれない。

55

励ましの言葉で相手の成功を後押しする

常にポジティブな言葉でコミュニケーションをとろう。励ましの言葉をかけて相手が自信をつけるのを手伝おう。人を動かすためには、相手を批判するのを慎んで、相手が行動を起こしたくなるような温かい話し方で意思を伝える必要がある。

言葉はたいへん強い力を持っている。それは相手の気分を高揚させたり落ち込ませたりする。誰かに励ましてもらったときのことを振り返ってみよう。気分が高揚して自信がわき、「よし、次はもっと頑張ろう」と思ったはずだ。

励ましの言葉は子供にも大人にも効果を発揮する。とくに子供は励ましの言葉を常に必要としている。それによって子供は自信に満ちた大人に成長し、他人とうまくコミュニケーションをとれるようになる。

励ましの言葉は、相手の人生の成否を分ける要因になる可能性が高い。私たちは何度も聞いたメッセージを信じるからだ。どんな状況でもポジティブな言葉を使って相手が最善を尽くすのを手伝えば、家庭でも職場でもなごやかな雰囲気をつくることができる。

一方、厳しい言葉で叱責すると、相手は恐怖を感じて離れていく。ネガティブな言葉を使うと相手の可能性を台無しにするおそれがあるから、怒っているときや気分が悪いときに発する言葉には要注意である。常にポジティブな口調になるように慎重に言葉を選べば、よりよい話し方ができ、より多くの友人をつくり、より多くのチャンスを引き寄せることができる。

相手にやる気を出させるための２つの秘訣を紹介しよう。

1 ネガティブな表現を排除する。「それは無理に決まっている」「そんなことはできるはずがない」「それは愚かな考え方だ」といった断定的な表現を使ってはいけない。

2 相手を勇気づける言葉を選ぶ。「やればできる」「あなたは素晴らしい力を持っている」「大いに期待している」というポジティブな言葉を使って相手を励まそう。

Suggestion

家庭や職場で周囲の人を励まし、相手の素晴らしさを強調して、その人が最高の自分になるのを手伝おう。相手にやる気を出させる表現を準備しておき、常に誠実な気持ちでポジティブな言葉を使おう。

56

自信にあふれたボディーランゲージでコミュニケーションをはかる

自信がなくて弱気になっているとき、それはボディーランゲージに表れる。たとえば、座っていても前かがみになるし、他人から目をそらせようとする。社交の場でも黙り込んで他人との接触を避ける。歩くときはうつむき加減で、ずっと下を向いている。他人とコミュニケーションをとるとき、自分の身を守るかのように腕を組む。

以上のしぐさは、他人と接することへの恐怖を表し、自信不足とみられやすい。もしそうなら、それは仕事の取引やふだんの人間関係に支障をきたすおそれがある。それを変えるためには、ボディーランゲージを改善する必要がある。ポジティブなボディーランゲージは関心や情熱、ひたむきさを伝える。

自分のしぐさをコントロールすることによって、自分の感情と心の持ち方をコントロールすることができる。自信にあふれた振る舞いをすることによって、自信にあふれた人物になることができる。あなたは自分のボディーランゲージに気をつける必要がある。なぜなら、それは無意識のうちに自分に不利益をもたらしかねないからだ。

自信不足、恐怖心、不安を表すボディーランゲージには、目を伏せる、腕を組む、顔をさわる、ポケットに手を入れるといったしぐさが含まれる。ボディーランゲージを改善することによって、自信の度合いに影響を与え、より大きなチャンスを引き寄せることができる。

自信にあふれたボディーランゲージの5つのポイントを紹介しよう。

1 **顔を上げる。**相手と話すときは顔を上げよう。

2 **顔に笑みを浮かべる。**微笑みは心の持ち方が前向きであることを表している。

3 **腕を組まない。**腕を組むことは、閉鎖的で防御的な心理の表れである。

4 **ジェスチャーを交える。**メッセージをより明確に伝えるために両手をうまく使おう。

5 **相手と目を合わせる。**相手と目を合わせると、自分が自信を持っていることと話をよく聞いていることを、相手に伝えることができる。

Suggestion

自分のボディーランゲージがネガティブになっていないかどうかを確認し、よりポジティブな方法で自己表現をする工夫をしよう。

57

ポジティブな言葉を唱える

ポジティブな言葉を唱えることは、自分が理想とする信念や状況がすでに現実になっていることを潜在意識に確信させる効果的な方法である。ポジティブな言葉は、自分が望んでいる生き方を的確に表現したものだ。あなたは望んでいることがすべて実現しているかのように人生を楽しんでいる姿を想像することができる。

ポジティブな言葉の具体例を紹介しよう。

・「私はどんな困難にも立ち向かい、公正かつ最善の解決策を選択する」
・「私は常に前向きな姿勢を維持し、いかなる状況でも冷静さを保つ」
・「私は難しい人や状況に直面しても、自分をより強くするために役立てる」
・「私はふだんから能力開発に努め、常に学び続けて成長を遂げる」
・「私は自信にあふれた誠実な人物で、いつも思いやりを持って人と接する」

たえずポジティブな言葉を唱えて自分に言い聞かせると、それまでのネガティブな内なる対話を、より健全で明るいメッセージと取り換えることができる。

ポジティブな言葉の5つの条件は次のとおりである。

［ポジティブな言葉のルール］

1 ポジティブな言葉は現在形でなければならない
2 ポジティブな言葉は簡潔でなければならない
3 ポジティブな言葉は自分が理想とする信念を反映したものでなければならない
4 ポジティブな言葉はポジティブな感情を正確に伝えるものでなければならない
5 ポジティブな言葉はなりたい自分を表現したものでなければならない

Suggestion

毎日、自信がわいてくるポジティブな言葉を唱え、その内容がすでに現実になっていると想像して前向きな姿勢を身につけよう。

58

置き換えのテクニックを使って自分を鼓舞する

日ごろ自分をけなすクセがあるなら、置き換えのテクニックを使って状況を逆転させよう。たとえば、「私はこれが下手だ」と自分を卑下するのではなく、「今、私はこれが上達する方法を学んでいる」と自分を鼓舞するのだ。

自分の能力を疑うような思考を受け入れてはいけない。たとえば、「私はダメな人間だ」と自分を卑下しているなら、「私は素晴らしい人間だ」と自分を鼓舞しよう。「私の人生はつまらない」と自分を卑下しているなら、「私はふだん受けている多くの恩恵に感謝している」と自分を鼓舞しよう。

置き換えの一般的なルールとして、次の3つのテクニックが効果的である。

1 **ネガティブで有害な言葉をポジティブで有益な言葉に置き換える。**ポジティブな心構えを身につけるためには、ポジティブな言葉を唱えて自分に言い聞かせよう。

2 **不安に満ちた言葉を希望に満ちた言葉と置き換える。**そうすることによって引っ込み思案な性格を直し、目標に向かって前進することができる。

3 **破滅につながる言葉を繁栄につながる言葉と置き換える。**言葉は非常に強い力を持っているから、建設的で生産的なフレーズを使うと好ましい結果をもたらす。

自分をけなすクセをやめるための3つの方法を紹介しよう。

1 **小さな手帳を携帯する。**自分が不平を言ったりネガティブな言葉を使ったりしたら、それを書きとめよう。この習慣は自分の思考を意識し、悪いクセを直すのに役立つ。

2 **ネガティブなトリガーに気をつける。**ネガティブな思考をするときは、何らかのきっかけがある。そのために一日を台無しにしかねないから要注意だ。

3 **愛する人たちに意識を向ける。**怒りや憎しみのような感情を抱いているなら、愛する人たちに意識を向けて穏やかな気持ちになろう。

Suggestion

自分とのネガティブな対話をポジティブな対話に置き換える習慣を身につけよう。これを1週間やってみて、どのような効果が得られるか確認するといい。

59

ほしいものを誰かに頼む力をつける

ほしいものを手に入れたいとき、誰かに頼んだのはいつだろうか？

ほしいものを誰かに頼むことは、最も難しいことのひとつである。なぜなら、断わられることに対する恐怖のためにためらってしまい、人に頼むことを避けるからだ。この恐怖を乗り越えるには勇気が必要だが、練習すれば、わりと簡単にできるようになる。

ほしいものを誰かに頼むと、たとえそれが手に入らなくても、自信をつけることができる。なぜなら、誰かに頼むことに対して感じている恐怖は、自分を呪縛している幻想にすぎないことがわかるからだ。ほしいものを誰かに頼むために勇気をふるうと、頼むことに対する恐怖を克服し、ほしいものが手に入る可能性が高まる。一方、誰にも頼まなければ、その可能性はゼロのままである。

ほしいものを今すぐに頼むことができるとすれば、あなたは誰に何を頼むだろうか？

ほしいものを誰かに頼むことができれば、人生で手に入るものは格段に増える。たとえ断られても、あなたの勝ちだ。頼むことに対する恐怖を克服したのだから。

ほしいものを誰かに頼むためにすべきことを5段階で説明しよう。

1 **何を頼むかを明確に把握する。**多くの人がほしいものを手に入れられない一因は、ほしいものを明確にしていないからだ。

2 **ポジティブな結果について考える。**この段階ではネガティブな結果については考えず、「イエス」という返事を得る可能性について考えよう。

3 **ほしいものを誰かに頼んでいる様子を想像する。**勇気をふるって誰かに頼んでいる姿を鮮明にイメージしよう。

4 **「起こりうる最悪のことは何か？」と自問する。**人に頼むことによって失うものは何もない。逆に、誰にも頼まないなら、最初から失っていることになる。

5 **頼み続ける。**練習を積めば、人に頼むのが上達する。

Suggestion

誰かに頼みたい10のことをリストアップし、各項目の横に相手の名前を書こう。毎週、人に何かを頼むことを目標にしよう。リストの全項目を頼んだら、断わられたことに再挑戦しよう。最初の「ノー」であきらめる必要はない。

60

恐怖をバネにする

あなたが抱いている恐怖は、自分でつくり出した幻想であり、想像しうる最悪のシナリオで成り立っている。それは悲惨な未来を思い描く歪曲された現実認識である。だからもしそれを信じると、未来を切り開く力を失うことになる。

恐怖に取りつかれると、恐れていることが現実になるおそれがある。恐怖は人生の軌道をゆがめ、成功の可能性を激減させるからだ。だが、うまく利用すれば、あなたに勇気を与えて飛躍するための原動力になる。

成功のカギは、恐怖をバネにして行動を起こすことだ。何かを失うことに対する恐怖は、それを手に入れるための強い動機づけになる。恐怖は、とるべき行動を示す標識なのだ。その標識に従えば、恐怖を経験することになるが、あなたはそのとき何かをする必要があることに気づく。

どのような状況であれ、恐怖はけっして消えない。なぜなら新しい試練に直面するたび、私たちは必ず恐怖を感じるからだ。この真実を受け入れ、恐怖を敵ではなく味方として歓迎しよう。

恐怖を感じたときにとるべき4つのシンプルな戦略を紹介しよう。

1　**可能なかぎり最高の結果を想像する。**自分が理想とする人生を信じよう。自分が恐れているシナリオではなく、自分が生み出したい状況を想像しよう。

2　**自分を呪縛している思い込みを打破する。**私たちが最も恐れている出来事はたいてい起こらない。不合理な思い込みを疑問視し、それを打破しよう。

3　**「これは対処できる」と自分に言い聞かせる。**何が起ころうと、それに立ち向かおう。行動を起こせば、前進することができる。

4　**ネガティブな思考をポジティブな思考と置き換える。**ネガティブな思考が浮かんだら、すぐにポジティブな思考と置き換えよう。「うまくいきそうにない」と思ったら、「必ずうまくいく」と自分に言い聞かせよう。

Suggestion

恐怖を感じたら、自分がそれに立ち向かって果敢に挑んでいる様子を思い描こう。恐怖に満ちたネガティブな思考を逆転させる習慣を身につけることが大切だ。

61

恐怖と良好な関係を築く

自分が何に恐怖を感じるかを知っているだろうか？　人前で話すことか、知らない人と話すことか、自分の気持ちを誰かに打ち明けることか？

自分が何に恐怖を感じるかを知って初めて、それと向き合うことができる。多くの人は恐怖と向き合うのを避けて生きていこうとする。だが、恐怖と向き合ってこそ、成長することができる。

自分が感じている恐怖を見きわめよう。それを恐れていることを正直に認めよう。何のためにそんなことをするのか？

恐怖と良好な関係を築き、より強くなるきっかけにするためである。

恐怖を乗り越えて生きることは、恐怖を感じていないということではない。誰もがピンチに直面するたびに恐怖を感じるものだ。大切なのは、自分が恐怖を感じているときにどう反応するかである。

「失敗したらどうしよう」という恐怖が、あなたを押しとどめているかもしれない。だが、自由になりたいのなら、恐怖を乗り越える必要がある。恐怖にしがみついていると、恐怖が頭の中で増大するばかりだ。「失敗したらどうなるだろう」と想像したところで、神経が消耗するだけで何も始まらない。

恐怖と良好な関係を築くための3つのシンプルな秘訣を紹介しよう。

1 **恐怖を受け入れる。**恐怖を歓迎し、恐れていることを実行しよう。

2 **恐怖をつくり出す思考を捨てる。**自分の脳を上手にコントロールし、「人生のあらゆることは、たとえ怖いことでも、目的があって起こっている」と考えよう。

3 **不安と心配を見きわめる。**あなたが脳をコントロールしているのだから、自分で恐怖をつくり出していることを認識しよう。

Suggestion

あなたの脳をコントロールしようとしている恐怖を歓迎しよう。それは敵ではなく、成長を助けてくれる味方なのだ。今、自分が感じている3つの大きな恐怖をリストアップし、その横に、その恐怖と良好な関係を築くために必要な行動を書こう。

PART 7

健全な人間関係

いつも他人に親切にすると、
多くを成し遂げることができる。
まるで太陽が氷をとかすように、
親切な言葉や行為は誤解を解き、
不信感をなくし、
敵意を消すことができる。

アルベルト・シュバイツァー
（ドイツの哲学者、音楽家、医師、社会事業家）

62

すべての人間関係を投資とみなす

仕事であれプライベートであれ、どんな人との関係も重要である。とはいえ、すべての人間関係がうまくいくとはかぎらないことは、誰もが経験して知っているとおりだ。たとえば、夫婦が離婚という結末を迎えたり、ビジネスパートナーに裏切られたりすることがあるように、破綻する関係も少なくない。

ただ、どのような終わり方をしても、当初、あなたはそれが実を結ぶことを期待していたはずだ。人間関係は投資と同じで、たいてい賭けの要素を含んでいる。ときには思惑どおりうまくいくが、ときには思惑に反してうまくいかないからだ。

しかし、だからといって、人間関係に賭けるのをやめるべきだということにはならない。それどころか、恐れずに挑戦するべきである。

すべての人間関係で、あなたは得をしたり損をしたりする。人間関係がうまくいっていないと感じたら、低迷している時期を乗り切らなければならない。たとえ相手との関係がぎくしゃくしても、あきらめずに辛抱することが大切だ。

一方、終止符を打つべき関係もある。もはや双方にとってプラスにならないと判断したら、その関係を断ち切って前に進もう。これは投資でよく使われる「損切り」と呼ばれる手法（損失を最小限にとどめるために、低迷している株などを早めに処分すること）と同じである。これはパートナーや同僚、きょうだいとの関係についても当てはまる。

ただし、家族との関係は最も難しい。なぜなら家族は選べないからだ。私たちにできるのは、相手との関係にどれだけの時間と労力を投資し続けるかを決めることである。その関係は改善の見込みがあるか、回復できないほど壊れているか、どちらだろうか？　あなたはそれを自分に問いかけなければならない。そして経験則にもとづいて、少し距離をおくべきかどうかを決めよう。

場合によっては、新しい人との関係に時間と労力を投資したほうがいいのかもしれない。もしそうなら、うまくいっていない相手との関係を清算し、別の人とより有益な関係を構築しよう。

Suggestion

不毛な人間関係に貴重な時間と労力を投資するのをやめて、別の人と良好な人間関係を構築しよう。そのためのチャンスはいくらでもある。

63

相手の話をしっかり聞く

誰と会話するときでも、話を聞いてもらっていると相手に感じさせることはきわめて重要である。スマートフォンをチェックしたり、興味がないそぶりを見せたりすると、相手との信頼関係を損ないやすい。

現代社会では気が散ることがたくさんあるので、人びとは相手の話をしっかり聞かなくなっている。実際、数分もたつと、そわそわして別のことをし始める人がとても多い。

話を聞いてほしいと思っている人たちのことを考えたことがあるだろうか？

人はみな自分を大切にしてもらって重要感を得たいと思っている。だから話をしっかり聞いてほしいと切に願っているのだ。

誰かと会話していたとき、相手が上の空だと感じたことはないだろうか？　おそらくその人とはもう話したくないと思ったに違いない。

昨今、多くの人が陥っている悪いクセのひとつは、話の途中でスマートフォンを取り出してメッセージを送ったりSNSを確認したりすることだ。

私たちは指先ひとつで誰かとやりとりできる便利な時代に生きている。だが、目の前にいる人との会話の第一のエチケットは、スマートフォンをポケットの中にしまうことだ。もし誰かとコミュニケーションをとるなら、たとえその内容に興味がなくても、相手の話をしっかり聞こう。あなたの時間を5分だけ相手に与えよう。それでも興味が持てなければ、タイミングを見計らって話を切り上げればいい。誰もが話を聞いてほしいと思っているから、あなたが時間をとって話を聞いてくれたことに感謝するはずだ。

相手に意識を集中するための3つのシンプルな方法を紹介しよう。

1 **会話に集中する。**別のことに意識が向かわないように気をつける必要がある。

2 **自分のボディーランゲージを意識する。**自分のしぐさを確認しよう。

3 **全力を傾けて相手の話を聞く。**共感しながら相手の気持ちを推察しよう。

Suggestion

相手が話しているときは辛抱強く耳を傾けよう。相手の話をしっかり聞けば、その人は困ったときにあなたに助けを求めるだろう。これは素晴らしいことだ。他人に信頼される人になれるのだから。

64

相手の名前を覚える

誰かが近づいてきて、「再びお目にかかれて嬉しいです」と親しげに言うのだが、あなたは相手の名前を思い出せず、気まずい思いをしたことはないだろうか？　おそらく誰でもそういう経験があるはずだ。

相手の名前は本人にとって最も重要なものである。一回どこかで会った人と久しぶりに再会して、その人があなたの名前を覚えていたとしよう。そのとき、あなたはどう感じただろうか？

誰もが自分を覚えてほしいと思っている。なぜなら自分が重要な存在だと感じたいからだ。相手にそう感じさせる最適な方法は、その人の名前を覚えることである。くわしいプロフィールはともかく、まず相手が誰なのかを覚えよう。たとえ一回しか会ったことがなくても、相手の名前を覚える能力は、仕事でもプライベートでも大いに役立つ。

相手の名前を覚えるための４つの方法を紹介しよう。

1 **相手に注意を払う。**相手の名前を忘れる最大の原因は、注意を払っていないことだ。相手に注意を払っているなら、相手の名前を覚えられるはずである。

2 **出会う人はすべて重要人物だとみなす。**相手の名前を覚えたいなら、その人を軽く扱ってはいけない。相手は誰か？　なぜその人は重要なのか？　すべての人を重要人物とみなせば、その人たちの名前が記憶に残る可能性が高くなる。リピート客が来たときに相手の名前を覚えている販売員は、他の販売員よりもずっとたくさん売ることができる。

3 **相手の名前を書きとめる。**人と会って名前を聞いたら、それを書きとめよう。

4 **相手の名前を繰り返す。**名刺をもらったら、それを手に持ち、会話中に相手の名前を繰り返そう。繰り返しは何かを記憶するための最適な方法のひとつである。とくに相手の発言に同意したり意見を言ったりするときは、相手の名前を繰り返すといい。相手の名前を覚えるだけでなく、相手に重要感を持たせることができる。

Suggestion

相手の名前を覚えるために特徴を書きとめよう。くわしい情報とリンクさせてもいい。相手を重要人物とみなし、その名前を繰り返せば、記憶に残りやすい。

65

機会を見つけて人助けをする

毎日が人助けをするための機会である。私たちは自分の心配事や関心事に気をとられて、他人が背負っている重荷に気づかないことがよくある。私たちは自分のことばかり考えて、他人に手を差し伸べることを怠りがちだ。

他人を助けることは、相手を元気づけるだけではない。相手はそれに感謝して、別の人にも同じことをしたくなるから、親切の好循環を生み出すことができる。また、他人を助けると、自分も気分よく過ごすことができる。

ひとつの親切な行為は、長期にわたるインパクトを持っている。それは人から人へと伝わり、世の中には親切な人がいるという希望を人びとに与えることができる。

人助けのために今日からできることを紹介しよう。

1 **相手が必要としているものを与える。**たとえば、ボランティア活動をして時間を与える、お金を寄付する、駅の階段で見知らぬ人の重い荷物を運んであげる、などなど。

2 **いらなくなったものを差し出す。**もう使わなくなった衣類や文具があれば、捨てるのではなく、それを必要としている人や団体に贈ろう。

3 **相手の話に耳を傾ける。**もし誰かがつらい思いをしているなら、話を聞いてあげることが、その人を癒やす力になる。

4 **誕生日のカードを贈る。**友人や知人、家族の誕生日が近づいてきたら、その人にカードを贈ろう。

5 **気の利いたメールを送る。**短いメッセージでいいから、相手への感謝の気持ちや誇らしい思いを伝えよう。

6 **よくできたことをほめる。**もし誰かが何かを上手にしたら、心を込めてほめよう。これは家庭でも職場でも無料で実行できる親切な行為である。

Suggestion

誰かが助けを必要としているときは、ためらわずに手を差し伸べよう。人びとは必ずしも表立って助けを求めるとはかぎらないから、相手の心情を察することが大切だ。相手にとって、それは永久に忘れられない素晴らしい思い出になるかもしれない。

66

相手の立場に立って考える

私たちは相手が悪いと思い込むと、一方的に責めがちである。だが、家庭であれ職場であれ、そういう偏狭な態度は双方にとってストレスにつながり、遅かれ早かれ人間関係の破綻を招きやすい。それを防ぐシンプルな解決策は、相手の立場に立って考えることだ。それによって、次の3つの恩恵を受けることができる。

1 **相手とのきずなが深まる。**相手が一生懸命に事情を説明しているのに、相手の言い分を理解していないことがよくある。そんなとき相手の立場に立って考えれば、相手の求める支援を与えるだけでなく、信頼を勝ち取ることができる。

この事実に関して、スティーブン・コヴィーは世界的ベストセラー『7つの習慣』（キングベアー出版）の中で、「話を真剣に聞いて相手の立場に立って考えると、相手に救いの手を差し伸べることができる」と指摘している。

2 **問題が円満に解決する。**フォード・モーターの創業者で世界屈指の実業家とたたえられるヘンリー・フォードは、「成功の秘訣がひとつあるとすれば、相手の立場に立って考える能力を身につけることだ」と主張している。もし仕事の人間関係で悩んでいるなら、問題を円満に解決するために相手の立場に立って考える必要がある。同様に、もし家庭で配偶者とのトラブルを抱えているなら、相手の立場に立って考えていないからかもしれない。相手の立場に立って考える習慣を身につければ、仕事でもプライベートでも事態が好転するきっかけになる。

3

見落としがちなことに意義を見いだすのに役立つ。私たちは感謝の心を忘れがちだから、自分にとって意味がないという理由だけで何かを軽んじることがよくある。だが、相手の立場に立って考えれば、ふだん見落としがちなことにも意義を見いだし、感謝の心を持つことができる。

Suggestion

毎日、相手の立場に立って考える訓練をしよう。相手の立場に立って考えれば、相手の考え方がよく理解できるから、人間関係に関する多くの問題を回避できるだけでなく、他人と良好な関係を築くのに役立つ。

67

困っている人に手を差し伸べる

世の中には困っている人がたくさんいる。肉体的な問題や精神的な問題を抱えている人もいるし、経済的な問題や家庭の問題で悩んでいる人もいる。人生は生易しいものではないから、大きな困難に直面して戸惑っている人も少なくない。

私たちがすべきことは、その人たちの人生が好転するのを手伝ってあげることだ。人生は誰にとっても厳しいが、お互いに助け合えば、世の中はよりよくなる。

表向きは明るく振る舞っていても、助けを必要としていることを恥じて隠している人もいる。非難や批判を恐れて助けを求めない人もいる。私たちはそういう状況を推察し、困っている人を助けるために行動を起こすべきである。

そのための3つの指針を紹介しよう。

1 **手を差し伸べる機会を探す。** 他人の役に立つためには、常に奉仕する気持ちを持たなければならない。助けを必要としている人を見つけたら、ためらわずに行動しよう。

困っている人に手を差し伸べるなら、いつかあなたが助けを必要としたとき、きっと誰かが手を差し伸べてくれるに違いない。

2

相手を気づかう。相手の状況に関心を持つことは、手を差し伸べるうえで大きな意味を持つ。ほとんどの人は自分から助けを求めようとしないが、あなたが気づかっていることを伝えれば、相手も助けを求めやすくなる。手を差し伸べる意思があることをはっきりと相手に伝えよう。とくに何もできなくても、優しい言葉をかけるだけで、相手の悩みを軽くすることができる。励ましの言葉には人を癒やす力があるからだ。

3

相手に寄り添う。すべての人を救うことはできないが、誰かが道を見失ったときに方向性を示すことはできる。寄り添ってもらうだけで十分だと感じる人はたくさんいる。彼らはそれによって希望を取り戻し、前進する意欲をわき上がらせる。

Suggestion

困っている人に手を差し伸べよう。その人は励ましを必要としている。他人を助けると、相手だけでなく自分も助けることになる。相手は苦しみをやわらげることができるし、あなたはすすんで人助けをする自分の人間性に誇りを持つことができる。

68

正しさよりも優しさを優先する

自分の正しさを主張するより、相手に優しくするほうがいい。これは大いなる真実だ。ほかの何よりも自分の正しさを優先すると、傲慢で独善的な印象を与えかねない。その結果、人間関係を損なうおそれがあり、より深く他者とつながることが困難になる。

一方、自分の正しさよりも相手の気持ちを考慮して優しく接すると、包容力のある人物として信頼され、より強固な人間関係の構築に役立つ。

今日の世界では、お互いに親切にすることがますます重要になっている。混乱と分裂が激しさを増す中で、自分の正しさと相手の間違いを証明したがる風潮があるからだ。しかし、お互いに思いやりを持って接すると、より調和のとれた社会を築くことができる。

正しさよりも優しさを優先するための8つの方法を紹介しよう。

1 **共感を示す。** 相手の立場に立って考え、気づかっていることを示そう。

2 **心を開いて学ぶ。** 相手の考え方を学んで、その中から正しい部分を探そう。

3 **批判を慎しむ。**相手の考え方を間違っていると頭ごなしに批判してはいけない。

4 **相手に敬意を払う。**たとえ賛同していなくても、相手に敬意を払おう。相手の話に耳を傾け、失礼なことを言わないように気をつけなければならない。

5 **表現を工夫する。**「それは違う」と決めつけるのではなく、「たしかにそれも一理ありますが、私は少し異なる見解を持っています」と丁寧に言うと、衝突を避けて歩み寄ることができる。

6 **許す。**嫌な目にあわされたと感じても、腹を立てずに相手を許そう。そうすることによって、思いやりにあふれた社会をつくることができる。

7 **感謝の気持ちを示す。**誰かが何かをしてくれたら感謝の気持ちを伝えよう。「ありがとう」と言うだけでもいいし、感謝しているしぐさを見せるだけでもいい。

8 **辛抱強く接する。**相手は困難に直面していて、もがいているかもしれない。だから腹を立てて非難するのではなく、辛抱強く理解を示そう。

Suggestion

相手が「自分は大切にしてもらっている」と感じられるように、できるだけ親切に接して相手の考え方や気持ちを理解することに努めよう。これは親切の輪を広げ、思いやりにあふれた社会をつくるのに役立つ。

69

心のこもった微笑みで健康と信頼とチャンスを引き寄せる

心をこめて顔に笑みを浮かべることは、家庭や職場で人間関係を円満にする最高の方法のひとつである。微笑みは一瞬ですべてを好転させる。お互いの緊張をやわらげ、ポジティブなコミュニケーションを可能にするからだ。

微笑みには、健康を増進して幸福感を高める神経回路を活性化させる働きがある。微笑むと、神経伝達物質であるドーパミンとセロトニンが分泌され、心身をリラックスさせてくれる。

ある研究によると、子供は一日に平均400回微笑むが、大人は20回しか微笑まないという。つまり、もっと微笑むと、再び子供のように天真爛漫になれるということだ。

微笑むと大きな健康効果が得られる。免疫力を高め、血圧を下げ、はつらつとした気分にさせてくれるからだ。したがって、より健康になりたいなら、できるかぎり微笑むべきである。

人びとは微笑んでいる人を見ると、話しかけたくなり、心を開いて友人になりたがる。

心のこもった微笑みは、相手の信頼を得てチャンスを引き寄せることができる。

一人でいるときも微笑む練習をしよう。それは顔の筋肉をゆるめ、顔につやを与え、血色をよくする。**最も素晴らしいのは、自分の幸福感と自尊心を高めるだけでなく、周囲のすべての人の気分をよくすることである。**

より多く微笑むための６つのシンプルなステップを紹介しよう。

1 毎朝、10分間、微笑む練習をする
2 愛する人たちと一緒にいるときは積極的に微笑む
3 一人でいるときも微笑む
4 鏡の前で微笑む練習をする
5 今日、感謝すべき10の理由を書く
6 落ち込んでいる人に優しく微笑みかける

Suggestion

今日、顔に笑みを浮かべよう。最初はぎこちなく感じるかもしれないが、自分の気分を改善するだけでなく、その場をなごませることができる。

70

有害な人間関係を断ち切る

誰にとっても、人間関係は有益なこともあれば有害なこともある。**有益な人間関係は大きな恩恵をもたらして人生を豊かにしてくれるが、有害な人間関係は不幸を招いて、あなたを破滅に導きかねない。**

自尊心を踏みにじり、自信を喪失させ、抑うつを引き起こす人間関係に悩んでいるなら、どうすればいいだろうか？

対策としては、相手との関係が好転するように努めるか、早く関係を断ち切って別れるか、どちらかである。

有害な人間関係が不幸を招くのは、無力感、不安感、絶望感にさいなまれるからだ。相手は上司や親、きょうだい、配偶者、知人など、さまざまである。最終的には、適当に妥協して距離をおくか、完全に別れて自由になるか、どちらかしかない。

有害な人間関係の最大の特徴は、高圧的な態度をとられて屈辱感、敗北感、劣等感に苦しめられることである。

仕事であれプライベートであれ、有害な人間関係は変えなければならない。現状を維持して、相手を満足させるために自分を変えようとすると、理不尽な要求をさらに突きつけられて、状況がますます悪化するだけである。有害な人間関係に悩まされているなら、いつまでも放置すべきではない。

有害な人間関係に対処する方法は次の2つである。

1 **ポジティブなコミュニケーションを通じて関係を改善する。**あなたを苦しめている相手が聞く耳を持ってくれるなら、コミュニケーションを重ねると、事態が改善する可能性もある。これはお互いにとってウィンウィンである。

2 **相手と別れる。**相手との関係が改善しないなら、別れることが最善策になる。たとえば、嫌な上司に苦しめられているなら、適切な職場を見つける必要があるし、配偶者に苦しめられているなら、誰かに助けを求めて選択肢を探るといい。

Suggestion

もし有害な人間関係で苦しんでいるなら、改善に努めるか関係を断ち切ろう。必要なら専門家に相談するといい。

71

相手を許して恨みを解き放つ

恨みとは、自分を傷つけた相手に対する憎しみに満ちたネガティブな感情のことだ。それは人間関係を破壊するが、恨みを抱くことによって最も大きな被害を受けるのは自分自身である。

たしかに相手を恨むだけの十分な理由があるのかもしれない。たとえば不誠実、裏切り、虐待、暴言、暴行、窃盗がそうだ。その結果、あなたはその痛みに固執し、それを捨てようとしない。

しかし、誰かに恨みを抱いているかぎり、その人に人生を支配されることになる。恨みを抱くことは、毒を飲むようなものだ。あなたは過去の出来事を引きずっているが、そんな状態を続けていると、いずれ抑うつやノイローゼに悩まされることになる。

恨みを抱き続けるのは、あなたの責任だ。できるだけ早くそれを解き放って、晴れ晴れとした気持ちで前進しよう。

恨みを解き放つための5つのステップを紹介しよう。

1 恨んでいる人たちをリストアップする。

2 恨みが精神的、肉体的、経済的にどんな影響を自分におよぼしているかを考える。

3 恨みに固執することによって、自分にどんな利益があるかを見きわめる。

4 定期的に自分の心理状態を検証し、新しい人に恨みを抱いていないかチェックする。

恨みはすぐに増大するから、できるだけ早くそれを止める必要がある。

5 許しの言葉を唱えて自分を癒やす。 たとえば「私はその人を許し、その人の幸せを祈る」という許しの言葉は、心の平和をもたらす強い力を持っている。

許すことは、心の平和を得る道であり、自分が固執している心の痛みを解き放つポジティブな解決策である。他人を恨んでいるかぎり、人格を磨くことはできない。

許すことは心の傷を癒やし、前向きに生きる原動力になる。また、新しいチャンスをつくり、より大きな成功を収めることを可能にする。幸せと憎しみは共存しえない。

Suggestion

許していない人たちのリストをつくり、名前の横に理由を書き、毎日、許しの言葉を唱えよう。そして、その人たちの幸せを祈り、前を向いて進んでいこう。

72

自分と良好な関係を築く

私たちは家庭や職場で他者との関係を築くために膨大な時間と労力を費やす。もちろん、それは重要なことだが、最も怠りがちなのは自分との関係だ。

自分と良好な関係を築くことは、人格を磨いて成長することにつながる。ところが多くの人は、人格を磨く代わりに過去の失敗や後悔にばかり意識を向けているのが実情だ。**自分と良好な関係を築くことは、周囲の世界と良好な関係を築くための第一歩である。前向きな姿勢を身につけることによって、素晴らしい人たちを引き寄せ、友情を発展させることができるからだ。**

自分の素晴らしさを見つけよう。自分を大切にするなら、ネガティブな感情のために自分をけなすようなことはしないはずだ。自分と良好な関係を築けば、ポジティブなセルフイメージによって幸せな気分で過ごすことができる。

自分を押しとどめているネガティブな思い込みを検証しよう。あなたは内面を変えることによって初めて周囲の世界を変えることができる。それは内面の作業であり、それができるのはあなたしかいない。

自分と良好な関係を築くためのヒントとなる5つの質問を紹介しよう。

1 自分が陥っている悪い習慣は何か？　その習慣をよい習慣と取り換えよう。たとえば、長時間にわたってテレビを見る習慣があるなら、その時間を減らせば、良書を読んだり日記を書いたりすることができる。

2 自分の夢は何か？　10年後に自分の夢がどうなっているかを想像し、それを簡潔に書いてみよう。

3 どんな恐怖が自分を押しとどめているか？　自分が抱いている最大の恐怖を3つ挙げて、それがどのように成功を阻んでいるか考えてみよう。

4 自分の長所は何か？　自分の性格で気に入っている点をリストアップしよう。

5 今後1年でどのように変わるつもりか？　1年後の目標を達成するためのシンプルな計画を立てよう。

Suggestion

毎日30分、自分の性格について考え、長所を適切に評価しよう。また、変えたいと思うことについて考え、それを改善する努力をしよう。

73

人前で話す技術をマスターする

多くの人にとって、人前で話すことは恐怖体験になる。聴衆の前に立って話すと考えただけで鳥肌が立ち、冷や汗が出て胸がドキドキするからだ。実際、スピーチの最中にパニックに陥る人が少なくない。

しかし、見方を変えると、**人前で話すことは、じつに楽しい経験である。自分の知識や知恵を聴衆に披露できるわけだし、人びとはあなたの話に耳を傾けてくれるからだ。**

では、人前で緊張せずにうまく話すにはどうすればいいか？

人前で話す技術をマスターするための６つの秘訣を紹介しよう。

1 **テーマについて調べる。** 話すテーマについてよく知らないかもしれないので、スピーチの前によく下調べをしよう。すべてのことについて知る必要はないが、そのテーマに関して熟知していると聴衆にみなしてもらう必要がある。

2 **自信を持ってゆっくり話す。** 早口で話すと混乱してしまい、話したいことを忘れるし、聴衆も混乱する。聴衆が理解しやすいように、落ち着いてゆっくり話そう。

3 **練習を積む。**スピーチの練習をすればするほど、人前で話すことに自信がわいてくる。鏡の前で練習してもいいし、自分の声を録音して聞いてもいい。家族や友人に聞いてもらい、その人たちの意見や感想を参考にすると上達が早くなる。

4 **人前で話すのが好きな理由をリストアップする。**人前でうまく話せないのは、人前で話すのが苦手だと思い込んでいるからだ。何かが苦手だと思い込むと、ワクワクしなくなる。そこで、人前で話すのが好きな理由をリストアップしよう。素晴らしいスピーチをしたあとで「じつに感動的な話だった」とほめられると、どんな気分になるか想像しよう。

5 **好きなテーマについて話す。**自分が情熱を感じるテーマについて人前で話すことは、とても楽しい。あなたが情熱的に語りかけると、聴衆はますます楽しくなる。

6 **人前で話す前にイメージトレーニングをする。**自分が人前で自信たっぷりに話し、聴衆が耳を傾けている様子を鮮明にイメージしよう。

Suggestion

情熱を感じるテーマを選んで短いスピーチを書き、原稿を声に出して読む練習をしよう。練習を積めば自信がわいてきて、人前で話す達人になることができる。

PART 8

心の平和

心の平和は、
許すことによってのみ得ることができる。
許すことは、
過去を解き放つことであり、
偏った認識を修正する手段となる。

ジェラルド・ジャンポルスキー
（アメリカの精神科医）

74

他人を裁くのをやめる

ふだん厳しい姿勢で他人を裁くクセがあるなら、いつか自分も同じ目にあうことを覚悟しなければならない。

たとえ他人の言動に賛同できなくても、その人に思いやりを持って、よりよい行動指針を示せばいい。たとえば、相手の言動のために心が傷ついたなら、復讐しようとするのではなく、状況を冷静に把握して建設的な解決策を模索すべきである。

周囲を見渡して人びとの違いに気づこう。そして、他人をあるがままに受け入れるために自分を訓練しよう。

他人を裁くのをやめて思いやりを持つための5つのヒントを紹介しよう。

1 **自分が他人を裁いていることに気づく。**なぜ自分が他人を裁いているのかを考えよう。そして、それに気づいたら、すぐに態度を改めて相手に思いやりを持とう。

2 **他人のよいところを探す。**完璧な人はどこにもいない。誰にでも改善の余地がある一方で、誰にでもよいところがある。相手の長所を積極的に探そう。

3
自分の振る舞いを反省する。自分も同じように振る舞ったことがないか、胸に手を当てて考えてみよう。たいていの場合、他人を裁こうとするのは、自分の嫌な一面を見せつけられるからだ。

4
他人が最善を尽くしているのをほめる。物事がうまくいかずに思い悩むことは誰にでもある。あなたもそういう経験があるだろう。だから他人が試練に直面しているときは、誠実な気持ちで相手の努力をほめて励まそう。

5
他人にチャンスを与える。人びとはチャンスを与えられると変わろうとするものだ。誰もが変わるために周囲の人の温かい支援を必要としていることを覚えておこう。

Suggestion

人びとは常に最善だと思う方法で行動するが、それが好ましい結果をもたらすとはかぎらない。その人はたまたま調子が悪いのかもしれないし、行動を改めるのに必要な教訓をまだ学んでいないのかもしれない。だから常に寛容の精神を発揮し、他人に思いやりを持って接しよう。

75

「豊かさ意識」を持って生きる

心の持ち方には「欠乏意識」と「豊かさ意識」の2種類がある。

欠乏意識を持っていると、いくらお金やモノがあっても満たされない思いをしながら暮らすことになる。

欠乏意識にさいなまれている人は、たいへん欲が深く、いくらあっても納得せず、さらにもっとほしがる。また、たえず不安にかられているので、お金やモノをため込み、ケチケチする傾向がある。

そこで、満ち足りた気持ちで日々を過ごすためには、欠乏意識を改善して豊かさ意識を持つ必要がある。

豊かさ意識を持つための出発点は、ふだん受けているさまざまな恩恵に気づき、それを惜しみなく与えたり共有したりすることだ。豊かさ意識を持つ人は、世の中には素晴らしいものがたくさんあり、それを自在に引き寄せることができると考えている。

欠乏意識にさいなまれている人は、不平不満の多い不幸な人生を送るはめになる。一方、豊かさ意識を持っている人は、感謝にあふれた幸せな人生を送り、いつも明るい気分で日々を楽しむことができる。

豊かさ意識を持つための6つの心構えを紹介しよう。

1 自分は恵まれているという気持ちを持つ
2 豊かさ意識を持つ人たちと付き合う
3 恐怖心を捨てて感謝の心をはぐくむ
4 可能性は無限にあるという考え方を身につける
5 身の回りのチャンスに気づく訓練をする
6 何かを独占しようとするのではなく、ほかの人たちに分け与える

Suggestion

豊かさ意識を持つためのポジティブな言葉を唱えよう。たとえば「私は人生で多くのものに恵まれている」「私は多くのものをほかの人たちに分け与える」などなど。豊かさ意識は精神的に余裕のある言動となって表れ、それがさらに豊かさ意識をはぐくむ。

76

感謝の心を持つ

自分が持っているものを忘れ、持っていないものに意識を向けることは、不安やストレスの原因になりやすい。これらのネガティブな感情を克服するためには、ふだんの生活で感謝していることをリストアップするといい。自分が日ごろどんなに恵まれているかに気づけば、足りないものに不満を感じる気持ちはなくなるはずだ。

家族や友人、健康といった恩恵に意識を向けよう。残念なことに、多くの人は常にもっとほしいと思い、たえずいらだちを感じている。たとえほしいものが手に入っても、さらにほしくなる。こんなふうにいつも不平不満でいっぱいの人生を送りやすい。

感謝の心を持つことは、「欠乏意識」を「豊かさ意識」に転換するのに役立つ。その結果、「十分に持っていない」という不満で苦しむのではなく、「必要なものはすべて持っている」という満足が得られる。

持っていないものに意識を向けると、いくら頑張ってもほしいものが得られないという思いにさいなまれる。一方、持っているものにたえず意識を向ければ、常に豊かな気分で過ごすことができる。感謝の気持ちは、不安やストレスを取り除く魔法の妙薬だ。

感謝の心を持つことによって幸福感にひたるための3つの方法を紹介しよう。

1 **感謝のリストを作成する。**人生で感謝している5つのことを書き出そう。その対象は自分の所有物や功績、世話になった人でもいい。なぜそれに感謝しているのか？　もしそれを失ったらどう感じるか？　それを今すぐ想像してみよう。

2 **小さいことに感謝する。**私たちは金銭的利益を追求するあまり、本当に大切なことがわからなくなっている。そこで、日常生活の中のささいなことに感謝すると、心の安らぎを得ることができる。それは誰かの親切心や笑顔かもしれない。たいていの場合、当然だと思っている小さなことが大きな喜びをもたらす。

3 **人びとのために尽くす。**これは人生を変える心がけだ。しばらく自分のことを忘れて人びとのために尽くし、世の中をよりよくする活動をしよう。

Suggestion

ふだんの生活の中で感謝していることをリストアップしよう。人生で重要なことに気づくと、持っていないものについて考えるのをやめて幸福感にひたることができる。

77

一日を振り返る

毎日の習慣として、ぜひ身につけたいのは、一日の終わりに10分ほど静かな場所に座り、その日に起きたすべての出来事を振り返ることである。具体的には、誰と話し、何を学び、何に取り組み、どういうスキルを磨いたか、どんな失敗からどんな教訓を得たか、といったことだ。

また、誰かのためにしたことも振り返ってみよう。たとえば、家族にプレゼントを贈った、同僚の仕事を手伝った、道に迷っている人を案内した、などなど。このように、いつでもどこでも誰かのために何かをすることができる。これは幸せな気分で一日を過ごす秘訣である。

常に成長するための最善の方法のひとつは、一日の中で自分がとった行動を振り返ることだ。また、人生の目標について考えることも大切である。

毎晩、その日の自分の言動を振り返ってから、「明日は今日よりさらによくなる」と誓おう。この習慣を継続すると、あなたの人生は驚くほど素晴らしいものになる。

自分のためにしたことと誰かのためにしたことを含めて、今日した3つのことを紙に書いてみよう。たとえば次のようなことだ。

・課題に取り組んだ
・運動をした
・おもしろい本を読んだ
・新しいことに挑戦した
・友人の手伝いをした
・子供と一緒に遊んだ
・見知らぬ人を街頭で助けた

Suggestion

毎晩、その日の仕事や家庭、人間関係、習慣を振り返り、何をどう改善すべきかを検証しよう。広い視野に立って自分の人生を眺め、どうすればよりよくなるかを考え、翌日からそれを実行すれば、家庭や職場、地域で驚くほど快適に過ごすことができる。

78

今この瞬間を生きる

多くの人はいつも過去のことを思い悩み、未来のことを心配して過ごしている。あのときどうすべきだったとか、これからどうしたらいいかをたえず考えているのだが、過ぎてしまったことは変えられないし、まだ起きていないことを心配しても意味がない。あなたにできるのは、今この瞬間を生きることだけだ。

私たちはたえず未来を予測し、すべてがうまくいくかどうかを心配しながら、膨大なエネルギーを浪費しがちである。たとえば、お金は足りるだろうか、幸せになれるだろうか、定年まで仕事は安泰だろうか、自分にはあとどれくらいの時間が残されているか、といったことだ。

しかし、未来は不確実であり、保証や約束はないから、いくら考えても明確な答えは得られない。**未来について心配するより今この瞬間を生きるほうが、ストレスをやわらげて、ずっと平和な気持ちで過ごすことができる。**

今この瞬間を生きるのに役立つ3つのステップを紹介しよう。

1 **数分間、ひとつのことに集中する。**思考は放っておくと分散しやすいから、目の前の課題に集中しよう。

2 **呼吸を整えることに意識を向ける。**息を吸い、4秒間息を止め、4秒間で息を吐く。これを5回繰り返そう。

3 **その日の目標をイメージする。**今日、集中すべきひとつの目標は何だろうか？　その目標に取り組んでいる様子をイメージしよう。

未来に起きることを予測する唯一の方法は、今この瞬間にそれを創造することだ。今この瞬間をどう生きるかが、あなたの未来を決定づける。

Suggestion

今この瞬間に思考を集中しよう。それは、過去のことについて思い悩んだり、未来のことを心配したりするのを避ける最適な方法だ。今この瞬間に集中するには、瞑想、深呼吸、ポジティブな言葉の繰り返しが効果的である。

79

深呼吸のテクニックでストレスをやわらげる

深呼吸のテクニックを使えば、数分でストレスをやわらげることができる。

深呼吸は常に瞑想の中心的課題であり、ストレスをやわらげて集中力を高めるための適切な方法である。

私たちはとくに意識することなく一日に平均1万7千回から3万回の呼吸をしているが、意識して深呼吸をすると心配や不安をやわらげることができる。

深呼吸は多大な恩恵をもたらす。そのうちの4つの健康効果を紹介しよう。

1 消化を助ける

2 心臓や他の臓器への血流を盛んにする

3 気分を落ち着かせてストレスをやわらげる

4 ストレスによる病気を減らして寿命を延ばす

毎朝やってみる価値のある8段階のルーティンを紹介しよう。

1 床か椅子に楽な姿勢で座る
2 息を吸ったり吐いたりすることに意識を向けて普通に呼吸をする
3 2、3分かけて徐々に呼吸のペースを下げる
4 次に4つ数えながら息を吸う
5 4つ数えながら息を止める
6 4つ数えながら息を吐く
7 4つ数えながら待つ
8 以上の4から7を6回繰り返す

Suggestion

毎日、深呼吸をする練習をしてみよう。この習慣を身につけると、リラックスしたり心を落ち着かせたりする必要を感じるたびに、ごく自然に深呼吸をすることができる。

80

自分に思いやりを持つ

人生で大切なのは、上手に生きるすべを学ぶことである。だから自分に思いやりを持つことが、とても重要な役割を果たす。

恐怖心のために自分と向き合えないなら、自分に思いやりを持つと、恐怖心を消し去ることができる。あなたがこの世に存在するのは、喜びと幸せにあふれた人生を送り、人びとの役に立って充実感を得るためである。

自分に思いやりを持つとき、失敗を恐れる気持ちはなくなる。ミスをしても自分を許せるからだ。したがって、自分に思いやりを持つことは、成功の原動力になり、過去の傷を癒やして新しい人間関係を築くための条件になる。

愛は自分に思いやりを持つことから始まり、その対象はすべての人へと広がっていく。あなたは内面から愛の光を放つので、適切な人たちを引き寄せることができる。

自分に思いやりを持つための４つのエクササイズを紹介しよう。

1 **ネガティブで批判的な内面の声に思いやりを持って対処する。**ネガティブで批判的な内面の声はあなたの怒りに満ちた醜い一面だから、あなたであることに変わりはない。そこで、自分に思いやりを持って心を落ち着かせよう。

2 **今後1週間、自分と他者を批判も非難もしないと誓う。**これはかなりの自制心を要するから、何度も失敗するかもしれないが、別にかまわない。目標はあくまでも自分と他者を叱責する悪いクセをなくすことだ。

3 **1週間たったら、もう1週間やってみる。**自分と他者に対する思いやりの度合いがどれだけ上がっているか想像しよう。

4 **毎日、カレンダーで、自分と他者に批判的にならずに過ごした日を消していく。**そうやってカレンダーの日付をペンで消していくことによって、自分の進歩を確認することができる。

Suggestion

自分に思いやりを持てば、何を成し遂げて、どんな人物になれるかを想像しよう。自分の欠点を知り、それを少しずつ修正して成長することに意識を向けよう。

81

都合が悪いときは「ノー」と言う

あらゆる要望に対して「イエス」と言うと、いずれ困った状況に陥ることになる。そんなことをしていると、いつも「イエス」と言うことを周囲の人から期待され、やりたくないことをやらされるはめになるからだ。

いつも「イエス」と言っているなら、かなりのお人よしであり、周囲の人から「いつでも言いなりになって、みんなを喜ばせてくれる人」と思われている可能性が高い。ただし、喜んでいない人が一人だけいる。それはあなた自身だ。

次のような状況を考えてみよう。

・上司が今週3度目の残業を依頼しているが、それでは家族と過ごす時間がなくなる
・同僚が仕事を手伝ってほしいと頼んでいるが、それでは自分の仕事ができなくなる
・友人が50ドル貸してほしいと言っているが、それでは週末に遊ぶお金がなくなる

あなたは周囲の人を助けたいのかもしれないが、その人たちはあなたを主体性のない人間とみなして尊敬しない。そして、あなたも自尊心を失うことになる。なぜなら本当は「ノー」と言いたいのに、それを堂々と言えない自分に嫌気がさすからだ。

もちろん、さまざまな事情で「イエス」と言わなければならないときもある。だが、次の4つの状況では遠慮なく「ノー」と言えばいい。

1 忙しくてスケジュールが合わない
2 ほかに重要な用事がある
3 疲れていて少しゆっくり過ごしたい
4 時間やお金の余裕がない

Suggestion

「ノー」と言いたいのに「イエス」と言っているときのことを思い出し、どんな状況で誰の言いなりになっているかを検証しよう。そうすることによって、「イエス」と言わざるをえない自分の心理を見きわめることができる。

82

毎日、少し時間をとって瞑想する

最近、何もせずに静かな瞬間を経験したのはいつだろうか？　いつも忙しくしている現代人にとって、静かな瞬間を経験することはめったにないかもしれない。

数年前、私は15分の休憩をとって静かな場所で瞑想することの重要性に気づいた。これは大きな発見だった。

毎日、ほんの少しの時間を見つけて瞑想することは、リラックスしてストレスをやわらげるためのよい習慣である。雑念を追い払って頭の中を空っぽにすることが大切だ。

瞑想するのは簡単である。７段階の効果的な手順を紹介しよう。

1 静かな場所で一人になる。自宅の一室でもいいし、もし職場に空室があれば、そこを使えばいい。

2 集中力を乱すデバイスをすべてオフにする

3 リラックスして座り、目を閉じて心を落ち着かせる

4 **深呼吸をする**

5 **自分の思考を観察する**

6 **呼吸に意識を集中する**

7 **一日に2回、静かな瞬間を見つける。**この習慣を実行すれば、よりリラックスして、ストレスをやわらげることができる。

毎日、少し時間をとって瞑想することはよい習慣であり、それによって大きな恩恵を受けることができる。脳の働きをよくして集中力を高めるだけでなく、睡眠を改善し、あらゆる点で生活の質を高めることができるからだ。また、瞑想は、拒絶されることに対する恐怖心を取り除くのにも役立つ。

Suggestion

毎日、15分ほど静かな場所で過ごす習慣を身につけよう。そのあいだ何もせずにリラックスして自分と向き合おう。集中を乱すものをすべてオフにして、ひたすら呼吸に集中しよう。できれば一日に2回、起床後と就寝前に瞑想しよう。

83

1時間早く就寝する

夜更かしをしているなら、その習慣はなるべく早く改めたほうがいい。

1時間早く就寝することがもたらす7つの恩恵を紹介しよう。

1 **睡眠の改善。**早くベッドに入ると、一晩ぐっすり眠れる。

2 **生産性の向上。**熟睡すると、昼間、意識が冴えて集中力が高まり、生産性が向上する。

3 **肉体的健康の向上。**熟睡すると、身体の修復と細胞の再生に役立つ。

4 **精神的健康の向上。**熟睡すると、抑うつや不安を改善できる。

5 **心機能の向上。**熟睡すると、心血管疾患のリスクを低減できる。

6 **ストレスの低下。**熟睡すると、ストレスがやわらいで幸福感が高まる。

7 **記憶力と学習能力の向上。**熟睡すると、昼間、脳の働きがよくなる。

要するに、1時間早く就寝すると、睡眠を改善し、生産性を高め、心身の健康を増進させ、心臓の病気を防ぎ、ストレスをやわらげ、記憶力と学習能力を高めるということだ。

Suggestion

1時間早く就寝するための具体的な方法を紹介しよう。

1　起床と就寝のサイクルを一定にする。毎日、同じ時間に起きて寝よう。起床と就寝のサイクルを一定にするためには、たとえ週末でも平日と同じように早寝早起きを心がける必要がある。

2　心身を落ち着ける。就寝する1時間前に深呼吸をしながら筋肉をほぐそう。本を読むのもいいし、温かいお湯につかるのもいい。

3　快適な睡眠環境をつくる。部屋を暗くして静かにし、快眠ができる枕とマットレスに投資しよう。

4　就寝前に明るい画面を見ない。ブルーライトはメラトニンの分泌を妨げるおそれがある。

5　昼間、適度な運動をする。昼間、軽く体を動かすと熟睡につながる。ただし、激しい運動は避けよう。

以上の方法を実践すると、1時間早く就寝することができる。

84

今日が人生最後の日のように生きる

誰の人生でも、終わりを迎える日は必ず訪れる。あなたはいつか死ぬ。それはもうすぐかもしれないし、数十年後かもしれない。

いずれにせよ、誰もが年をとり、衰弱し、死ぬことが運命づけられている。それを受け入れることができれば、恐れることは何もなくなる。もうしがみつくものはなく、何かを失う不安はないことに気づくからだ。

あなたは永遠の旅立ちに際して何も持っていくことができない。この世を去るとき、生涯をかけて集め、学び、愛したものをすべて残していく。家や車もそうだ。あなたの愛した人たちは残ったものを受け継ぐが、あなた自身は何も持たずに去っていく。

では、あなたは人生で何をするのを恐れているのだろうか？　恐怖にしがみつくことによって、人生の旅は快適になるだろうか？

宇宙がいかに広大で、自分がその中のごく一部であることを理解すれば、自分が抱えている問題などは取るに足らないことに気づくだろう。

人生の終わりはいつか必ず訪れるという事実を受け入れ、全力を尽くして毎日を生きよう。病気になるのを恐れているなら、健康的な食生活を送り、定期的に運動し、一日に10回は深呼吸をし、瞑想をしてストレスをやわらげ、ポジティブな思考をしよう。

感謝の心をはぐくもう。ただし、それは自分が得たものに対してではなく、自分が与えたものに対して、ありがたいと思う気持ちのことである。

全力を尽くして毎日を生きるために、次の5つの質問を自分に投げかけよう。

1 今日から何をしてどう生きるか？
2 これまでとどのように違った生き方をするか？
3 喜びにあふれた日々を送るか、たえず不安を抱き、恐怖におびえながら生きるか？
4 自分で選んだ生き方をするか、誰かに押しつけられた生き方をするか？
5 満足しながら残りの人生を過ごすにはどうすればいいか？

Suggestion

今日が人生最後の日だと想像しよう。人生は貴重な贈り物であり、今日は愛する人たちとそれを分かち合うのに打ってつけの日であることを肝に銘じよう。

PART

9

お金と自由

資産を築く秘訣は単純明快である。
人びとの暮らしに貢献する方法を
見つけて実行すればいいのだ。
より多くのことをし、
より多くの価値を創造し、
より多くのものを与え、
より多くの人の役に立とう。

アンソニー・ロビンズ
（アメリカのライフコーチ、起業家、講演家）

85

経済的自由を手に入れるための計画を立てる

多くの人はお金の心配をせずに自由に生きていきたいと思っている。だが、それを実現できる人はわずかしかいない。約40年も働いてきて、定年が近づいても貯蓄がほとんどない人が過半数を占めているのはなぜか？　最大の理由は、将来設計を怠ってきたからだ。計画を立てることに失敗するなら、失敗する計画を立てているのと同じことである。

経済的自由を手に入れるための計画を立てるなら、どこかから始めなければならない。年齢は関係ない。始めるにはもう遅すぎると思い込んでいるなら、生活に追われて永久に働き続けることになる。

一文無しになって死ぬことの心配から解放されて、一定の年齢で経済的自由を得る計画を立てることが重要である。経済的自由を手に入れるための5つの戦略を紹介しよう。

1 毎月、収入の10％を貯金する。 いくら稼ごうと、まず自分にお金を払わなければならない。つまり、毎月、収入の10％から20％を貯蓄に回すということだ。

2

不要なものを買わない。多くの人は不要なものにお金を使っている。たとえば、一回しか着ない服、読まない本、見栄を張るためだけの高級車。本当に必要なものにだけお金を使い、残りは貯金しよう。不要なものを買うと、いずれ処分を迫られるはめになる。

3

貯蓄の仕方、借金を避ける方法、賢い投資術を学ぶ。経済的自由を手に入れる方法を徹底的に勉強しよう。ほとんどの学校では、それを教えてくれないが、そのための本はたくさんあるし、ファイナンシャルプランナーに相談することもできる。

4

自分の経済的成功に責任を持つ。自分の経済的成功を誰かに任せるのは間違いである。つまり、経済的成功を収める決意をし、それに責任を持つことが大切だ。

5

経済的な目標を設定する。具体的な目標金額を達成するための計画を立てよう。綿密な計画がなければ、それを実現することはできない。

Suggestion

以上の5つの戦略に従って、今日から適切な行動を起こそう。10年後、20年後、どれだけのお金を持っていたいかを考えよう。お金の貯め方と使い方について家族と話し合おう。長期的な資産形成については専門家に相談するのも一案だ。

86

借金を完済し、お金を節約する

入ってくるよりも多くのお金を使っているなら、未来のチャンスを奪うことになる。そんなことを続けているかぎり、永久に借金の奴隷になるおそれがあるからだ。

クレジットカードによる過剰な支出と、元本に対する利息によって累積した多額の債務は、多くの人を経済的ストレスで苦しめる原因になっている。

現代社会では、すぐにお金を借りられるからたいへん便利なのだが、借金は金利を上乗せして期日までに返さなければならない。

そこで第一のルールは、お金を借りるのをやめることだ。ところが、多くの人は若者も含めて、すでに多額の借金をしている。

これは「今、遊んで、あとで払えばいい」という考え方によるもので、「ほしいものがあるなら、我慢せずに早く手に入れて楽しもう」という風潮につながっている。だが、そういう生き方を続けていると、いつまでも借金で苦労することになる。

支出をしっかり管理して、借金をゼロにするのに役立つ3つの方法を紹介しよう。

1
クレジットカードを1枚に限定する。１枚のクレジットカードを管理するほうが、複数のクレジットカードを管理するより簡単である。複数のクレジットカードを持つと、支出の管理が複雑になり、借金が増えやすい。クレジットカードを１枚に限定することで支出を管理し、何を買ってどれだけ使ったかを把握することができる。

2
現金のみで支払う。現金を持っていないなら、現金の余裕ができるまで高額商品の購入を延期しよう。クレジットカードを使ってモノを買いあさるより、自分を律してお金を節約するほうが深い満足感にひたることができる。「ほしいものをすぐに買って、あとで代金を払えばいい」という考え方は、経済的自由を手に入れる可能性をつぶしている。

3
支出を把握する。ふだんの出費をしっかり把握すると、頑張って稼いだお金がどこに出ていくかを知ることができる。そこで毎日、一日の終わりに家計簿をつけよう。

Suggestion

今日から１か月間、何にお金を使ったかをすべて書き出すと、毎月どんなに無駄遣いをしているかがよくわかる。１か月後、何にお金を使ったかを振り返り、出費をできるだけ抑えよう。１年後、貯金が増えていることに気づくはずだ。

87

ふだんから不測の事態に備える

ずっと営んできた暮らしが一瞬で崩壊する可能性があることは、誰もが知っているとおりだ。すべてが順風満帆だと思っていたのに、翌日には何もかも台無しになることもある。私たちは不測の事態が起こって初めて、準備が足りなかったことを痛感する。

「嵐に備える最適のタイミングは快晴の日だ」という格言がある。ところが、嵐が来るまで何もせず、実際に被害にあってから、「もっと早く準備しておくべきだった」と後悔する人があまりにも多いのが現状だ。

人生では予期せぬ出来事がたくさん起こる。たとえば、取引で損をして大金を失った、家族の誰かが病気になった、計画のミスで期日に間に合わない、などなど。それらの出来事が実際に起こる可能性はかなり高い。人生ではいつ不測の事態が起きても不思議ではないことを肝に銘じる必要がある。

では、あらゆることに対して準備することは可能だろうか？　不測の事態がいつ起こるかを予測することはできるだろうか？

残念ながら、その答えは「ノー」だ。

あなたにできることは、先延ばしにしてきた重要な課題を実行し、不測の事態に備えることである。手遅れになってから、あわてて行動するのは好ましくない。

いつ何が起こるかを正確に予測することは不可能だが、ふだんから不測の事態に備えることは可能である。具体的には次の5つのことをしておくといい。

1 緊急事態に備えて給料の3か月分を貯蓄しておく
2 火災保険（と自動車保険）に入っておく
3 家庭用の救急箱を常備しておく
4 確定申告に備えて明細書をきちんと保管しておく
5 予備の電池を買って保管しておく

Suggestion

準備を怠ったために何かがうまくいかなかったときのことを思い出そう。では、どうすればよかったか？　今日、予期せぬ出来事への対策を講じよう。対策を強化すべきことは何か？　それを見きわめて、不測の事態に備えよう。

88

大好きなことをして自宅でお金を稼ぐ

趣味を仕事にすることができたら、どんなに素晴らしいことだろうか。自分が大好きなことをしてお金を稼いでいる様子を想像しよう。絵画や執筆、オンラインビジネスのように大好きなことで年間1万ドルの副収入が得られるとしたら、どう感じるだろうか？

そんなにうまい話があるはずがないと思うかもしれないが、そう思ってしまう理由は、想像力を存分に駆使していないからだ。満足感と充実感を得て豊かな暮らしを実現している人たちは、情熱を感じることをして生計を立てている。

満足感と充実感を得て生計を立てたいなら、大好きなことをして生計を立てる方法を見つける必要がある。画家やミュージシャン、陶芸家、小説家、コンピュータープログラマー、冒険家、講演家といったクリエイティブな仕事にあこがれるなら、楽しいことをライフワークにして夢のような人生を送ることができる。

もうひとつの選択肢は、今の仕事を続けながら、平日の早朝や晩、または休日にスキルを磨くことだ。工夫をすれば、いつかそれで生計を立てられる可能性がある。

世の中には、大好きなことをして生計を立てて、夢のような生活を送っている人がたくさんいる。あなたも同じようにすることができる。**したいことがあるなら、定年まで待つのではなく、今すぐに何かを始めて夢をかなえよう。**

大好きなことをして生計を立てる5つの具体例を紹介しよう。

1. シャツやタオル、アクセサリーなどをつくり、雑貨屋やインターネットで販売する
2. 英語やスペイン語、フランス語、中国語などの外国語をオンライン授業で教える
3. 自分の好きなことをオンライン授業で教える
4. 飼い主が不在のときに犬や猫などのペットの世話を代行する
5. 自宅にいながらビジネスパーソンのアシスタントを務める

大好きなことをして満足感と充実感を得ながらお金を稼げば、喜びにあふれた暮らしを楽しむことができる。身の回りを探せば、そのチャンスはいくらでもある。

Suggestion

趣味と実益を兼ねて副収入を得るために必要なことを今日から始めてみよう。

89

不要品のないライフスタイルを実践する

不要品のないライフスタイルは、2つの側面から成り立つ。すなわち、①モノをなるべくほしがらない、②家の中の不要品を処分する、である。モノを買いあさるのではなく、質の高い体験を創造することに主眼をおこう。

不要品のないライフスタイルを実践することは可能である。それは、場所をとるだけで役に立たないモノを処分することから始まる。まず自宅のリビングやガレージをきれいにしよう。いらないモノを友人にゆずるかリサイクルショップに売却しよう。

不要品のないライフスタイルを実践するためには、習慣や考え方を変える必要がある。必要ではないモノをネット通販で買うのをやめよう。買い物に出かけるときは、必需品ではないモノを買わないことを徹底しよう。その結果、お金を節約できるだけでなく、きちんと整頓された空間で暮らして、より快適な暮らしを楽しむことができる。

不要品のないライフスタイルを実践すると、次の4つの恩恵に浴することができる。

1 多くのモノを所有することへの執着心がなくなるから、ストレスがやわらぐ
2 不要品がなくなってストレスがやわらぐと、集中力が高まって生産性が向上する
3 身の回りの不要品がなくなるから、生活空間がスッキリして片づけの手間が省ける
4 たくさんの不要品を保管する必要がなくなるから、大きな開放感が得られる

不要品のないライフスタイルを実践すると、時間と労力とお金に余裕が生まれる。そのための５つのシンプルなステップを紹介しよう。

1 週末に家を片づける決意をする
2 自分の部屋から始めて、最終的に家じゅうをきれいにする
3 古い服は古着屋に売り、古い本は古本屋に売るか図書館に寄贈する
4 自宅に仕事部屋があるなら、不要品を見きわめて処分する
5 必要でないかぎり、ネット通販のサイトを見る機会を減らす

Suggestion

家の中を見渡して不要品を処分しよう。毎日か毎週、一部屋ずつ片づけよう。

90

一日5ドルで資産を築く

人びとは汗水たらして働いたお金を、毎日、ささいなものに使いがちだ。たとえばお菓子、ジュース、炭酸飲料水、スマートフォンのアプリ課金、などなど。

多くの人は、それらのものにお金を使うことをふだんあまり意識していない。なぜなら、それはわずかなお金であり、財布事情にほとんど影響をおよぼさないからだ。おそらくあなたも、毎日わずかなお金を手放すことを惜しんでいないだろう。

だが、**小さなことの積み重ねは、やがて大きな違いとなって表れる。ほんのわずかな出費でも、それが累積すると大金になる。**今日、5ドルを使うことの意味に気づいていないかもしれないが、それを10年間続けたら、そのお金で世界一周旅行ができるだろう。あるいは、事業を立ち上げるための資金や住宅ローンの頭金として使えるかもしれない。

毎日、5ドルでお菓子とジュースを買う習慣があるとして、それを10年間続けるとどうなるか。具体的な数字で示そう。（1ドルを130円として計算し、2回の閏年の分を加算する）

650円（5ドル）×365日×10年＋650円×2日（閏年）＝2，373，800円

多くの人は知らず知らずのうちにこんなに大金を使っているのだ。もしこれだけのお金が自分の銀行口座にあれば、どんな気分になるか想像してみよう。

お菓子やジュース、宝くじ、新聞、雑誌など、小さなことでも積み重なると大金になる。それが理解できたら、本当に必要なものだけを買うように自分を律したほうが利口であることに気づくだろう。安いからといって、すぐに衝動買いをする前に、それが自分の近未来の自由を奪っている可能性があることを認識しよう。

Suggestion

今後1か月間、自分の出費を手帳に記録しよう。この習慣は自分が日ごろどのようにお金を使っているかを意識するのに役立つ。1か月後、自分が買ったものをすべて見て、今後、何を買うのをやめるかを検討しよう。出費がどんどん減って、貯金がみるみる増えていくことに気づくに違いない。

PART

10

粘り強さと立ち直る力

あなたは多くの挫折を経験するかもしれないが、それに屈してはいけない。
挫折を経験することは、
自分と向き合い、立ち直って成長を
遂げるために必要なのだ。

マヤ・アンジェロウ
（アメリカの活動家、詩人、歌手、女優）

91

リスクをチャンスととらえ、すぐに行動を起こす

リスクに対しては、２つの見方がある。多くの人はリスクを危険なものとみなしている。たとえば、リスクをとって、失敗するおそれのある投資に大金をつぎ込むとか、リスクをとって、新しいベンチャー事業を立ち上げるために今の仕事を辞めるといったことだ。たしかに、それらはよく考えたうえでないと非常に危険である。

一方、人生を好転させるために必要なことなのに、リスクをとりたがらない人たちもいる。彼らは「いつか準備ができたら実行する」「お金や時間の余裕ができたらするつもりだ」「自信がついたらやってみたい」などと言う。

しかし、条件がすべて整っている完璧なタイミングを期待しているなら、永久に待つはめになる。大切なのは今日であり、あなたは今日を活用して、したいことをすべきだ。今日、リスクをとって行動を起こしたら、半年後にはどうなるか想像してみよう。

人生にリスクは付き物だが、何かをやってみて失敗するより、何もやらずに後悔することを恐れるべきだ。**人生が終わりに差しかかったとき、「失敗を恐れずに、やれることは**

すべてやった」と誇らしく言えるようにしたいものである。

リスクをとることを楽しい挑戦にするために実行すべき2つの戦略を紹介しよう。

1 **難度の高い目標を設定する。** かなり大きな目標を設定し、それを達成するために全力を尽くそう。勇気を出してやってみよう。もし確実に失敗するとしたら、何もしない場合だけである。

2 **リスクをとることに対する不安に打ち勝つ。** 結果がどうなるかわからないことに挑戦すると、誰でも不安を感じるものだ。不安がつのると、あきらめたくなる。だが、リスクをとって成果があがることを確信するなら、不安に打ち勝つことができる。その結果、ほかの人たちから見習いたいと思われる人物になることができる。

Suggestion

リスクに対する姿勢を変えよう。何かをしないための言い訳をしていることに気づいたら、行動を阻んでいる思考を打破し、毎週、少なくともひとつの課題に取り組むことを目標にしよう。ただし、リスクをとるというのは、よく考えずに無謀なことをするという意味ではなく、一生懸命に努力して自分の成長をうながすことに挑戦するという意味である。

92

不屈の王者になる

不屈の王者になるためには、多くの試練が待ち受けていることを覚悟しなければならない。大きな壁が立ちはだかったら、それを乗り越えるための解決策を探そう。

あなたは自分が思っているよりもはるかに強い。逆境に見舞われても、戦いの終わりではなく始まりにすぎない。けっして屈しないという決意が、戦い続ける原動力になる。

挫折に見舞われて行く手をふさがれたとき、あなたはどうするだろうか？　恐怖におびえて立ちすくむか、有効な対策を講じて前に進む努力をするか、どちらだろうか？　**恐怖に直面しても果敢に行動を起こすと、失敗を乗り越えるように脳をプログラムすることができる。**

失敗は成功にいたる道である。失敗は問題から逃げずに解決するように仕向けることによって、あなたの粘り強さを試している。だから最後までやり抜く決意をすることが大切だ。

多くの試練を乗り越えて不屈の王者になった人たちの例を紹介しよう。

エイブラハム・リンカーンは若いころから悲劇と逆境を何度も経験している。私生活では妻子を失い、選挙では何度も落選したが、度重なる挫折をはね返して大統領に就任し、奴隷解放令を発するなど数々の功績を残した。

J・K・ローリングは作家志望で、自分のストーリーに夢中になり、勤務中に小説を書いてクビになった。ホームレス同然の状態で生活保護を受けながら、第一作となる『ハリー・ポッターと賢者の石』を書き上げた。現在、ハリー・ポッター・シリーズは全世界で4億5千万部以上を売り上げている。

ウォルト・ディズニーは地元のアートスタジオでアニメーターの職を得たが、経営者から「創造性と想像力が乏しいので、いいアイデアを生み出せそうにない」と判断されてクビになった。そこで兄のロイとウォルト・ディズニー・カンパニーを設立し、不朽のアニメ映画を次々と製作して22のアカデミー賞を受賞した。

Suggestion

正しい方向に向かうために今すぐとるべき行動は何か？　そして、その次の行動は何か？　目標に近づいて不屈の王者になるための行動計画を練ろう。それには、どういう困難な決断をくだすべきか？　あなたを押しとどめている最大の恐怖は何か？

93

粘り強さを身につける

本当の成功を手に入れるためには、粘り強さを身につけて、たえずモチベーションを高めなければならない。

粘り強さは生まれつきの資質ではない。それは生涯を通じて開発すべき資質である。だが、そのためには情熱が必要になる。大好きなことに対する情熱がなければ、粘り強さはなくなってしまう。

粘り強さを身につけている人は、敗北とは無縁である。粘り強さは、何かに秀でると決意し、そのために誰よりも努力することによって身につく。

粘り強さを発揮するには、目標達成に向けて不断の努力が必要である。それは情熱と辛抱強さの組み合わせで、根底にあるのは「どんな試練も克服できる」という信念だ。

粘り強さとは、試練を乗り越え、成功するためにやり遂げる意志力である。成功するために粘り強さは不可欠だ。

では、どうすれば粘り強さが身につくのだろうか？

粘り強さを身につけて目標を達成するために実行すべき3つの習慣を紹介しよう。

1 **スキルを磨く。**粘り強さは大好きなことに取り組むことによって身につく。壊れたものを直すのが大好きなら、修理の仕事をしよう。ものづくりに情熱を感じるなら、何かをつくる仕事をしよう。とにかく願望を実行に移すことが大切だ。練習すれば上達するし、大好きなことがうまくできるようになれば、粘り強さがさらに身につく。

2 **粘り強い人と付き合う。**ふだん一緒に過ごしている人たちは、あなたの考え方や行動パターンに大きな影響を与える。その人たちはいつも支えて励ましてくれているだろうか？　あなたに必要なのは、ほめて伸ばしてくれる前向きで粘り強い人たちだ。

3 **大きな目標を設定し、その実現に全力を尽くす。**昨日よりも今日、今日よりも明日というふうに前進するためには、たえず自分との競争に勝たなければならない。大きな目標の達成のために全身全霊を傾け、ほしいものが手に入るまで努力を重ねよう。

Suggestion

粘り強さを身につけるために必要な最高の習慣を実行しよう。生涯にわたって粘り強さを発揮することが、素晴らしい人生をつくる原動力になる。

94

もう少し頑張る

もう少し頑張るためには、成功するまで努力を惜しまないという強い決意が必要である。より一生懸命に練習し、より一生懸命に工夫し、より一生懸命に働いて、自分が設定した限界を超えよう。

大きな成果をあげる人は普通の人よりも努力する。つまらない言い訳をせず、目標を達成するために必要な「もう少し頑張る」ことについて、けっして不平を言わない。

多くの人は自分が成し遂げられることを信じていないから、なりたい自分になることができない。だが、あなたは自分を信じて、成功するために必要なことをすすんですすべきである。

具体例を紹介しよう。

・成績不振で苦しんでいる生徒のために10分間多く勉強を教える教師
・ライバルたちが練習をやめても、さらにもう少し練習するアスリート

・事業が行き詰まったときにあきらめずに創意工夫を重ねる起業家

すべてのことで、もう少し頑張ることを心がけよう。行動する必要があると思ったら、すぐに行動を起こそう。そうすれば、先延ばし癖に陥ることはない。自信を持ち、最高の奉仕によって最高の信頼を得てチャンスを引き寄せよう。

もう少し頑張るために必要な覚悟の具体例を紹介しよう。

・ほかの人たちが週末を楽しんでいるときも目標の達成に努める
・テレビを消してスキルアップのための勉学に集中する
・同僚の退勤後も１時間長く職場に残って上司の手伝いをする
・ほかの人たちがまだ寝ているときに１時間早く起きて準備をする

Suggestion

あらゆることについて、先延ばしにせずに行動を起こし、限界だと感じても、もう少し頑張ろう。これは最高の成功習慣になる。

95

将来の成功をイメージする

自信をつけて素晴らしい人生をつくるための最強の戦略のひとつは、そこに到達するために必要ないくつかの段階を心の中でリハーサルすることだ。成功にはイメージトレーニングが重要な役割を果たす。ビジョンを持っていないなら、成功はおぼつかない。

人生の旅を事前に想像の中で繰り広げることは、目標の達成に必要な行動を心の中で予行演習するのと同じことである。望んでいる人生のビジョンを持つことによって、それを手に入れるのに役立つ人と環境を引き寄せることができる。

望んでいる人生をイメージすることは、その実現に向けて行動をとる準備をすることにつながる。成し遂げたいことだけでなく、そのための方法をイメージすることが大切だ。行動をイメージすれば、毎日すべきことが明確になる。

何を手に入れたいかというビジョンがなければ、永久に迷走するだけである。だが、明確な計画を頭の中でイメージするなら、自分が正しい道を突き進んでいることを確信することができる。どのような成功もビジョンから始まり、それを実現するための具体的な行動を必要とする。そのための6段階の計画を紹介しよう。

1 **手に入れたいものとそれを手に入れる方法を明確にする**

2 **手に入れたいものを鮮明にイメージする**

3 **毎日、想像力をかき立てる。**自分が理想とする人生のビジョンを確立し、それをひたすら追求しよう。

4 **強い感情とともに、できるかぎりポジティブな思考をする。**自分のビジョンについて情熱を持ち、望んでいるものを現実化する能力を養おう。

5 **自分のビジョンを信じる。**疑念を排除してポジティブな言葉を唱えよう。自分の力を疑うなら、望んでいる結果は得られない。

6 **目標の達成に必要ないくつかの段階を想像する。**ビジョンを現実にしやすくするために、心の中でリハーサルをしよう。

Suggestion

成功はビジョンから始まる。毎日、時間をとって、ビジョンを現実にするためのイメージをかき立てて、それを周囲の人と共有しよう。

96

壁に突き当たったら、より一層の努力をする

この世の中は、何かを始めてすぐにあきらめる人であふれ返っている。彼らは新しいスポーツに挑戦しても、すぐに上達しなければあきらめる。絵画を始めても、すぐにうまく描けなければあきらめる。営業職に就いても、すぐに契約がとれなければあきらめる。

しかし、成功は一夜にして収めることができるものではない。結果が出るまで、辛抱強さ、粘り強さ、立ち直る力が求められるからだ。壁に突き当たったら、より一層の努力をする必要がある。

難しいのは、批判や拒絶などの試練に直面したときである。だが、そんなときでも「前向きに失敗する」というポジティブな姿勢を貫けば、目標に近づくことができる。

倒れたら再び立ち上がろう。もし100回続けて失敗したら、状況をよく見きわめて、別のやり方でできないか考えてみよう。前進を続けるためには、ときには軌道修正をする必要がある。

マイペースでもかまわない。人生は他人との競争ではないからだ。「一夜にして成功を

収める」ためには、長年にわたる努力の積み重ねが欠かせない。

有意義な目標を達成しようとすると、必ず途中で壁に突き当たる。簡単に達成できる目標には価値がない。壁に突き当たっても、それを乗り越える方法を見つけて実行する人が勝者になる。

どんな試練に直面しても、次の3つのステップに従えば乗り越えることができる。

1 **長期にわたって目標に取り組む。** どんなに時間がかかっても、長期にわたって目標に取り組む決意をしよう。

2 **柔軟に計画を練り直す。** 途中で壁に突き当たったら、臨機応変に対応して計画を練り直し、目標に向かって少しずつでも近づこう。

3 **高いエネルギーを維持する。** 健康的な食生活を心がけ、定期的に運動し、瞑想をしてポジティブな姿勢を貫こう。これが成功のカギを握る。ポジティブな姿勢を貫くだけのエネルギーがあれば、失敗しても立ち直ることができる。

Suggestion

壁に突き当たったら、目標に意識を集中し、理想の人生についての明確なビジョンを持ち、あきらめずに困難な時期を乗り切ろう。

97

拒絶を最高の学習経験とみなす

拒絶は絶大な力を持っている。それはすべての人の自信に影響を与えるが、そのために打ちのめされてはいけない。

拒絶は人によって正反対の作用をおよぼす。その具体例を紹介しよう。

2人の女性が同じ会社の営業職に就き、１００人の見込み客の自宅を訪問するように指示された。ただし、１００人の見込み客の自宅をすべて訪問するまで、けっしてあきらめてはいけないという条件が付いていた。

一人目の女性は出だしから好調で、最初の25人の自宅を訪問して11件の契約をとった。ところが、さらに25人の自宅を訪問すると、次々に拒絶されてショックを受け、挫折感を味わって途中で引き返した。

もう一人の女性は最初から立て続けに拒絶され、89人目でようやく最初の契約をとった。つまり、契約をとるまで88人に拒絶されたことになる。結局、彼女は１００人の見込み客の自宅をすべて訪問したが、契約をとったのはその1件だけだった。

社長はこの知らせを聞いたとき、契約件数ではなく粘り強さを理由に後者の女性を月間最優秀賞に指名した。たびたび拒絶されたにもかかわらず、それを乗り越えて最後まで仕事をやり遂げたことが評価されたのだ。

彼女は「どうやってこれだけ多くの拒絶を乗り越えたのか？」と尋ねられ、「見込み客は私という人間を拒絶したのではなく、私の売っている商品を拒絶しただけです。少なくとも私はそう解釈しています。だから落ち込む必要はまったくありません」と答えた。

目標を達成するためには、拒絶されることを覚悟しておかなければならない。**実際、誰もが何度も拒絶される。だが、それをどう解釈するかが成否を分ける。**そして、そのために打ちのめされるか、どんなことがあっても前進を続けるか、どちらかである。

多くの人は拒絶されることを恐れて逃げてしまう。だが、成功者はいくら拒絶されてもあきらめずに挑戦を続ける。彼らはとても打たれ強い。

何度か拒絶されただけであきらめていたら、いつまでたっても負ける。成功するまで、いくら拒絶されても動じずに前向きな姿勢を貫くことが大切である。

Suggestion

拒絶されることを恐れるのではなく、それに立ち向かおう。

98

途中の障害を乗り越える

障害とは、夢の実現に立ちはだかるバリアである。着実に進歩を遂げて、5年後、10年後の目標を達成するためには、途中で直面する障害を乗り越えなければならない。人生ではさまざまな障害にぶつかり、当初の計画が狂ってしまうことがよくある。だが、**いかなる状況でも、障害を乗り越えることによって初めて、成功を手に入れることができる。**

ここで言う障害とは、生きていくうえで大きな足かせとなる失業や離婚、病気、職場でのいざこざ、家庭不和、個人的なトラウマなどをさす。

人生で出くわす障害は、自分を強くして自信をつけるための機会である。成功者の特徴のひとつは、夢や目標の前に立ちはだかる障害を乗り越える能力を持っていることだ。大きな障害に直面したら、次の6段階のプロセスに従おう。

1 **障害の本質を明確にする。** 公私を問わず、障害を解決する第一歩は、それを正確に見きわめることだ。その内容を紙に書いて障害の本質を明確にしよう。

2 **解決策をリストアップする。** 障害の本質を明確にしたら、とるべき行動に関するアイデアを練り、それをすべて紙に書いてみよう。

3 **最善の選択肢を選ぶ。** 紙に書いた解決策のうち、適切なものをいくつか選び、優先順位をつけよう。

4 **すぐに行動を起こす。** いよいよ行動を起こすときだ。第一歩を踏み出すために、今すぐにできることをしよう。たとえば、誰かに相談する、情報を集める、などなど。

5 **結果を調べる。** 解決策を実行しても、すぐには結果が出ずに時間がかかるかもしれない。あるいは、違う結果が出るかもしれない。

6 **再び挑戦する。** 期待していた結果が出なければ、他の解決策を模索しよう。最初の解決策が成果につながらなくても、あきらめてはいけない。どのような障害でも、それを乗り越える方法は必ずある。

Suggestion

今、直面している障害について書いてみよう。その障害を克服したら、人生がどうなって、どんな気分になるか想像しよう。毎晩、20分、そのシナリオをイメージする練習をしてみよう。

99

始めたことをやり遂げる

何かをやり遂げなかったことを後悔していないだろうか？　すべきことをやり遂げるのを先延ばしにしていないだろうか？

新しいことを始めるのはワクワクするが、最初はエネルギーにあふれていても、次第に勢いがなくなってくる。また、取り組むべき課題がいくつかあると、集中力を維持するのが困難になる。やり遂げるのは無理だと思うと、意欲が薄れてしまう。

一般に、何かを始めるのは簡単だが、それをやり遂げるのはとても難しい。

自分がまだやり遂げていないことを列挙してみよう。たとえば次のようなことだ。

- 家の修繕
- 子供の自転車の修理
- ウェブサイトの立ち上げ
- 仕事の報告書の作成

いったん始めたことをやり遂げるための４つのステップを紹介しよう。

1 **課題を細かく分ける。**一つひとつの細かいことをやり遂げるまで集中しよう。

2 **締め切りを守る。**言い訳をせずに、全力を尽くそう。自分で締め切りを設定し、それを守るために必要なことをすべてしよう。

3 **祝う。**ひとつの課題をやり終えたら祝おう。誰かと出かけるか映画を見よう。

4 **再び始める。**次の課題に取りかかろう！

課題をやり遂げないと、やがてそれはクセになり、どんな課題に取りかかっても中途半端にしかできない人間になる。結局、それでは後ろめたくて気分が悪いだけだ。

Suggestion

今すぐできる最も簡単な行動を見きわめよう。課題をやり遂げるために何をしなければならないか？　何から始めたら最もやりやすいか？　今日、その第一歩を踏み出し、それをやり遂げよう。必要なら30分単位で時間を区切るといい。

100

粘り強さを発揮し、けっしてあきらめない

人類の歴史上、あともう少しで成功するところなのに、その直前であきらめた人の例は枚挙にいとまがない。たしかに打ちのめされたら、あきらめたくなるだろう。だが、自分のしていることを信じているなら、けっしてあきらめてはいけない。

あきらめることは簡単なように見えるが、状況が厳しくなるたびに、あきらめていたら、そのあとでどうするつもりだろうか？　新しいことを始めて状況が厳しくなったら、またあきらめるのだろうか？

あきらめることは、言い訳をして物事を途中で放り出すクセにつながりやすい。夢を実現するために努力することは常に困難をともなう。もしそれが簡単なら、誰でもできる。

どんなに厳しい状況でも粘り強さを発揮するなら、あらゆる状況に対処できる。これはリーダーの心得であり、人びとはそういうリーダーについていきたくなる。

あきらめないことによって、粘り強さを発揮し、最後までやり遂げて、後悔せずに胸を張って生きていくことができる。また、そういう生き方は、壁に突き当たって苦しんでい

る人たちの手本にもなる。
　厳しい状況で粘り強さを発揮するための5つのポイントを紹介しよう。

1 **「そんなに頑張らなくていい」と言う周囲の声を無視する。**「苦しかったら、あきらめたらいい」と言ってくれる家族や友人に気をつけよう。彼らはあなたの幸せを願い、苦しみを取り除いてあげたいと思っている。だからもしあなたがあきらめたら、彼らは理解を示してくれるだろう。だが、あなたは「頑張ったらできたはずだ」という後悔の念にさいなまれることになる。

2 **失敗したら教訓を学ぶ。**失敗と向き合い、教訓を学んで前進を続けよう。

3 **挑戦を続ける。**成功するために大切なのは、苦しくても挑戦を続けることだ。

4 **自分に責任を持つ。**粘り強く前進を続けると、自信と希望がわいてくる。

5 **深い理由を知る。**何かを成し遂げたい理由を知れば、おのずとやる気が出る。

Suggestion

夢を実現するために努力を重ねることを自分に約束しよう。あきらめそうになったら、少し休憩をとって、やる気がわいてくる成功者の伝記を読むといい。

おわりに

今、本書を読み終えてあなたはワクワクしているに違いない。これまでに紹介した数々の提案を、今後の人生で大いに活用してほしい。

生きているかぎり、前進を続けよう。

時間はあなたに与えられた最も貴重な資源である。だからそれを上手に使おう。本書の提案を実行に移すための完璧なタイミングを待っていてはいけない。行動を起こすべきときは、常に今だ。

生き方を改善することによって初めて、大きな成長を遂げることができる。これは新しいポジティブな習慣を身につけることを意味する。最初は多少の困難をともなうかもしれないが、いったん新しいポジティブな習慣を身につければ、次々とチャンスに恵まれることだろう。

あなたは素晴らしい人生を送る責務を担っている。もし自分がその責務を果たさないなら、誰がそれを代行してくれるだろうか。どんなときも果敢に挑戦することによって、人生を切り開こう。

今日から素晴らしい人生をつくるために行動を起こす必要がある。たったひとつのことでもかまわない。人はみな充実した日々を送るにふさわしい存在である。それを現実にするかどうかは、あなた次第だ。

あなたは「自分」という名の船の船長である。舵をしっかりと握り、大きな可能性を秘めた未知の領域へと突き進もう。

本書の提案を取り入れることによって、物心両面にわたり豊かな日々を送ることを願ってやまない。

成功と幸福を祈る。

スコット・アラン

読者の皆様へ

最後までお読みいただきありがとうございます。

たくさんの本がある中で、本書を選んでいただいたことに深く感謝いたします。

内容はいかがでしたか？

もし本書を読んで、いくらかでも参考になったと感じたら、たいへんお手数ですが、アマゾンにレビューを書いて、感想をお知らせいただけると幸いです。

読者の皆様のご意見とご支援を、今後の著作活動に役立てていきたいと存じます。

どうぞよろしくお願いいたします。

スコット・アラン

GREAT LIFE 一度しかない人生を最高の人生にする方法

発行日　2023年4月21日　第1刷
　　　　2023年7月10日　第3刷

Author スコット・アラン（Scott Allan）
Translator 弓場隆
Book Designer カバーデザイン　井上新八
本文デザイン　山之口正和＋齋藤友貴（OKIKATA）

Publication 株式会社ディスカヴァー・トゥエンティワン
〒102-0093　東京都千代田区平河町2-16-1 平河町森タワー11F
TEL　03-3237-8321（代表）03-3237-8345（営業）
FAX　03-3237-8323
https://d21.co.jp/

Publisher 谷口奈緒美
Editor 原典宏

Marketing Solution Company
小田孝文　蛯原昇　飯田智樹　早水真吾　古矢薫　山中麻吏　佐藤昌幸
青木翔平　磯部隆　井筒浩　小田木もも　工藤奈津子　佐藤淳基　庄司知世
鈴木雄大　副島杏南　津野主揮　野村美空　野村美紀　廣内悠理　松ノ下直輝
八木眸　山田諭志　高原未来子　藤井かおり　藤井多穂子　井澤徳子　伊藤香
伊藤由美　小山怜那　葛目美枝子　鈴木洋子　畑野衣見　町田加奈子　宮崎陽子
青木聡子　新井英里　岩田絵美　大原花桜里　末永敦大　時田明子　時任炎
中谷夕香　長谷川かの子　服部剛

Digital Publishing Company
大山聡子　川島理　藤田浩芳　大竹朝子　中島俊平　小関勝則　千葉正幸
原典宏　青木涼馬　伊東佑真　榎本明日香　王廳　大﨑双葉　大田原恵美
坂田哲彦　佐藤サラ圭　志摩麻衣　杉田彰子　滝口景太郎　舘瑞恵　田山礼真
中西花　西川なつか　野﨑竜海　野中保奈美　橋本莉奈　林秀樹　星野悠果
牧野類　三谷祐一　宮田有利子　三輪真也　村尾純司　元木優子　安永姫菜
足立由実　小石亜季　中澤泰宏　浅野目七重　石橋佐知子　蛯原華恵　千葉潤子

TECH Company
大星多聞　森谷真一　馮東平　宇賀神実　小野航平　斎藤悠人
林秀規　福田章平

Headquarters
塩川和真　井上竜之介　奥田千晶　久保裕子　田中亜紀　福永友紀　阿知波淳平
近江花渚　仙田彩歌　池田望　齋藤朋子　俵敬子　宮下祥子　丸山香織

Proofreader 文字工房燦光
DTP 株式会社RUHIA
Printing 日経印刷株式会社

ISBN978-4-7993-2937-5
GREAT LIFE ITIDOSIKANAI JINSEIWO SAIKOUNO JINSEINISURU HOUHOU by Scott Allan